20

EL CULTIVO ECOLÓGICO DEL CANNABIS

José T. Gállego

El cultivo ecológico del cannabis

Un manual práctico

indicios

Editores

Argentina - Chile - Colombia - España
Estados Unidos - México - Perú - Uruguay - Venezuela

1.ª edición Marzo 2011

Copyright © 2011 *by* José T. Gállego
Copyright © 2011 *by* Ediciones Urano, S.A.
Aribau, 142, pral. – 08036 Barcelona
www.indicioseditores.com

ISBN: 978-84-937954-2-9
E-ISBN: 978-84-9944-053-8
Depósito legal: B-5.532-2011

Fotocomposición: A.P.G. Estudi Gràfic, S.L.
Impreso por: Romanyà Valls, S.A. - Verdaguer, 1 - 08076 Capellades (Barcelona)

Impreso en España – *Printed in Spain*

Hablar poco y seguir la naturaleza.
Tao Te Ching, Lao-tse

Sin la ayuda de mi mujer y mis amigos nunca habría escrito este libro. Gracias por vuestros ánimos y vuestra inagotable paciencia.

El material contenido en este libro se presenta como información que debería estar al alcance del público. Ni el editor, ni el autor, ni nadie involucrado en la creación de esta obra aboga por el quebrantamiento de la ley.

Índice

Introducción

Se le puede llamar cáñamo, marihuana, *ganja*, *bhang*, mota y docenas de nombres más, ya que casi todos los idiomas del planeta tienen un término para denominarla. Lo cierto es que la planta de cannabis *(Cannabis sativa)* ha acompañado a la humanidad desde hace miles de años. Probablemente, los primeros seres humanos que practicaron la agricultura ya sembraron cáñamo y, desde entonces, granjeros y campesinos de buena parte del mundo lo han seguido haciendo. Del cannabis se obtienen más productos útiles para el ser humano que de ninguna otra planta cultivada en el planeta, y a lo largo de la historia la producción de cáñamo ha sido fundamental para el desarrollo de las naciones. Las velas y los cabos y sogas de los barcos eran de cáñamo, el papel, las sábanas, las toallas y muchas ropas también, hasta los pantalones Levi's originales eran de fibra de cáñamo, mucho más resistente y duradera que el algodón. Del cáñamo se puede obtener aceite, combustible, alimento, pinturas, biomasa, medicamentos, materiales de construcción y mucho más. Es una planta que regenera el suelo donde crece, puede medrar en zonas semidesérticas y ayudar a la reforestación, crece tan bien que podría sustituir a la pasta de madera como materia prima en la fabricación de papel y evitar la tala de bosques.

A pesar de su gran peso como materia prima, durante siglos

la mayoría de las aplicaciones del cannabis han sido muy poco conocidas por la población en general, lo que sigue ocurriendo en la actualidad. Sus propiedades psicoactivas, sin embargo, sí se conocen en todas las clases sociales.

Es la sustancia prohibida más consumida en el mundo y probablemente la más perseguida, aunque sus efectos secundarios son leves y nunca nadie ha muerto por fumar marihuana. Numerosos estudios científicos han demostrado que el uso de cannabis no causa graves daños a la salud, algo que no sucede con el alcohol ni con el tabaco, las sustancias psicoactivas más consumidas en las sociedades occidentales, legales, pero mucho más peligrosas.

La prohibición del cannabis es algo muy reciente, no fue hasta el siglo xx que las naciones occidentales decidieron prohibir su venta, movidos más por motivos económicos y racistas que por razones sanitarias objetivas.

El hecho de que sea ilegal comprar cannabis fuerza al consumidor a elegir entre dos caminos: conseguirlo en el mercado negro o cultivarlo él mismo. Este manual explica de qué modo muchas personas que no quieren recurrir al mercado negro cultivan su propia marihuana.

Plantar marihuana es fácil, pero a veces no lo parece. Interior o exterior, tipos de luces, semillas y abonos, tierra o hidroponía...; nuevos y desconocidos conceptos aparecen por doquier. Un buen planteamiento desde el principio ayuda a encontrar el sistema más adecuado para cada cultivador.

INTERIOR O EXTERIOR

La primera decisión que debe tomar el cultivador es si plantará en el exterior bajo la luz del sol o dentro de casa con luces artificiales. Tanto si se siembra en el suelo como si se cultiva en macetas, los jardines de exterior son más productivos, requieren menos cuidados y tienen muchos menos costos que los sistemas de interior con luces. Si es la primera vez que se planta, hacerlo en el exterior es casi obligado. Aunque se puede cultivar en interior por primera vez, es mucho más fácil si se ha hecho una cosecha previa al sol. Los cultivos de interior tienen también grandes ventajas: se puede obtener marihuana de gran potencia, durante todo el año y de un modo muy discreto.

PRESUPUESTO

Se puede plantar marihuana con poco o con mucho dinero. Para empezar a cultivar en exterior, basta con unas macetas, tierra, unas semillas y un par de botes de abono (desde menos de 50 euros en total). Con sol y estos elementos se pueden obtener buenas plantas y una maría de mucha mejor calidad que la que se compra en el mercado negro.

El cultivador que quiere plantar en interior debe hacer un gasto algo mayor. Hay que adecuar y pintar el espacio, poner una lámpara, un ventilador y un extractor. Y también harán falta semillas, abono, macetas y tierra. No obstante, todo dependerá de lo manitas que sea cada cultivador, pues hay quien monta un cultivo de interior por 300 euros, mientras que otros se gastan mucho más en organizar un jardín adquiriendo los últimos avances tecnológicos.

Para cultivar maría no es necesario comprar toda una colección de caros accesorios. Muchos productos no son esenciales, y aunque pueden mejorar una cosecha o aumentar algo la producción, las plantas vivirán sin ellos. Esto no quiere decir que estos productos sean inútiles o que todos los gastos sean innecesarios, pero la calidad de la cosecha depende más de la genética de las semillas, los cuidados recibidos y el microclima creado que de las enzimas, hormonas o suplementos nutricionales que se añadan a las plantas. Algunos productos como los medidores digitales de pH y de electroconductividad (EC) son de gran ayuda para el cultivador experimentado, pero resultan una complicación cara e innecesaria para el principiante que puede medir el pH con un papel barato de tornasol y dosificar el fertilizante siguiendo las instrucciones del fabricante.

La marihuana es un ser vivo y sólo tolera un cierto grado de dejadez. Si las plantas no se riegan o abonan adecuadamente, apenas producirán cogollos e, incluso, pueden morir. El cultivador que mantiene una buena relación con sus plantas y las cuida con dedicación suele ver sus esfuerzos recompensados.

1

Biología del cannabis

El cannabis o marihuana es una planta anual, erecta y generalmente dioica, es decir, las flores macho y las flores hembra suelen brotar en individuos diferentes. Es una especie muy extendida por el planeta que crece en todos los continentes, salvo en la Antártida. El ser humano ha cultivado cannabis desde hace miles de años para obtener comida, fibra, aceite o marihuana. Originaria de Asia, fue probablemente una de las primeras plantas cultivadas por el hombre del Neolítico. Sus propiedades medicinales ya eran conocidas en China hace 6.000 años.

CICLO VITAL

El ciclo natural del cannabis comienza en la primavera cuando germinan las semillas. La planta crece y se desarrolla mientras los días se van alargando. A partir de mediados de verano, cuando los días empiezan a ser más cortos y las noches se alargan, las plantas comienzan a florecer. El desarro-

El cannabis germina y crece en primavera, florece a lo largo del verano y se cosecha a principios de otoño.

llo floral se mantiene durante dos o tres meses y las plantas se cosechan a principios de otoño, entre septiembre y octubre, para la mayoría de las variedades índicas, y en noviembre, muchas sativas. El cannabis puede crecer mucho y es fácil que alcance tres o cuatro metros de altura si tiene las condiciones adecuadas: numerosas horas de sol, tierra fértil y riego abundante.

Germinación

La vida vegetal nace con la germinación de la semilla. Las semillas contienen una plantita viva, pero en estado latente. Cuando se combinan temperaturas cálidas y alta humedad, la semilla absorbe humedad y se hincha. El agua que entra en la semilla hace que ésta se active. Se abre la cáscara de la semilla y asoma una pequeña raíz, la radícula, que se clava en la tierra profundizando cada vez más. Al penetrar en la tierra, la radícula empuja los cotiledones junto con la cáscara de la semilla fuera de la tierra.

Figura 1. Germinación del cannabis.

Los cotiledones son dos falsas hojas redondeadas que sirven de reserva de alimento. En los primeros momentos de vida, la semilla se alimenta de la energía acumulada en los cotiledones. Después de los cotiledones crece el primer par de hojas verdaderas. Son hojas de un solo foliolo. Los foliolos son cada una de las hojuelas que forman una hoja compuesta. Después vendrá el segundo par de hojas que tendrán tres foliolos, luego el tercero con cinco, y así sucesivamente. Según la variedad cultivada, las hojas pueden llegar a tener entre siete y trece foliolos.

Crecimiento

La marihuana pasa por dos fases claras en su desarrollo: el crecimiento y la floración. La etapa de crecimiento o vegetativa abarca desde que la planta nace hasta que comienza a florecer. Durante este período el cannabis se dedica exclusivamente a crecer. Ayudadas por los largos días del final de la primavera y el comienzo del verano, las plantas pueden llegar a crecer varios centímetros cada día, intentando alcanzar el mayor tamaño posible. Desde el punto de vista de una planta de cannabis, más grande significa mayor probabilidad de reproducirse. Si la planta es más grande, tiene más ramas para que crezcan flores y, por lo tanto, más flores pueden ser polinizadas por un macho. Cuantas más flores sean fecundadas, mayor número de semillas producirá la planta y más fácil será que alguna llegue a sobrevivir.

> *La mejor marihuana es la llamada «sinsemilla», cuyas flores no han sido polinizadas por ningún macho.*

Floración y fotoperíodo

Durante la floración la planta crece bastante, llegando a doblar su altura, y se dedica a llenar sus ramas de miles de flores que irán agrupándose hasta formar los cogollos. Dependiendo de la variedad de cannabis, la floración puede durar entre seis semanas y seis meses aunque la mayoría de las variedades de los bancos de semillas florecen en dos o tres meses.

Si las flores de la planta son polinizadas por un macho, dentro de cada una de ellas se formará una semilla. Si no son polinizadas, la marihuana se cosechará *sinsemilla*, con lo que su calidad será mucho mejor. Por esta razón los cultivadores eliminan a los machos, para evitar que puedan polinizar las flores y llenar los cogollos de cañamones.

FLORACIÓN FOTODETERMINADA

En estado silvestre, el cannabis germina y crece durante la primavera y el principio del verano, cuando los días son cada vez más largos. A partir del solsticio de verano (21 de junio) la duración de los días comienza a acortarse. Cuando la duración de las noches alcanza un valor determinado, que depende de cada variedad de cannabis, la planta comienza a florecer. No lo hará mientras no tenga las horas necesarias de oscuridad ininterrumpida.

El fotoperíodo es el número de horas de luz y oscuridad que hay cada día. Por ejemplo, un fotoperíodo 18/6 significa que la planta recibe dieciocho horas de luz y seis de oscuridad.

Según su respuesta frente al fotoperíodo (la duración del día y de la noche), las plantas se dividen en tres tipos: plantas que florecen con días cortos, plantas que florecen con días largos y plantas cuya floración no está determinada por el fotoperíodo. Las plantas de días cortos florecen en primavera o en otoño y necesitan que la duración del día no sobrepase un cierto límite para poder florecer. En cambio, las plantas de días largos suelen florecer en verano, y necesitan que la duración del día exceda un nivel determinado para empezar a florecer. El cannabis es una planta que florece con días cortos, salvo las variedades autoflorecientes, que lo hacen independientemente del fotoperíodo.

El número de horas de oscuridad necesario para que la floración se produzca viene dado por el fotoperíodo existente en el lugar de origen de la planta. La duración de los días y las noches es diferente en los distintos lugares del planeta. Cuanto más nos acercamos al ecuador, menos variación encontramos en el fotoperíodo a lo largo del año. En la misma línea del ecuador, las noches y los días duran doce horas todos los días del año (el fotoperíodo es 12/12 todo el año). Evidentemente, cuanto más nos alejemos del ecuador, mayores serán las diferencias en el fotoperíodo. Por ejemplo, cerca del polo hay fotoperíodos tan extremos como 23/1 o 1/23.

El cannabis está adaptado al fotoperíodo de su lugar de origen. Así, una sativa colombiana que crece cerca del ecuador, donde hay muy poca variación en la duración de los días y las noches, necesitará noches de doce horas para florecer. En cambio, una planta aclimatada a la Península Ibérica florecerá con noches de diez horas. Por la misma razón, una planta ecuatorial cultivada en la Península es probable que retrase el comienzo de la floración hasta agosto o septiembre, cuando

El cannabis necesita noches de oscuridad completa e ininterrumpida para empezar a florecer.

las noches son más largas y alcanzan las once o doce horas que necesita una planta de cannabis ecuatorial. Ésta es la razón de que algunas variedades ecuatoriales, cuando se plantan en España, no completen la floración correctamente. Como no comienzan a florecer hasta muy tarde, el invierno se les echa encima antes de que maduren.

Si el cannabis no recibe las suficientes horas de noche, interpreta que aún no es tiempo de florecer y no fabrica las hormonas que desencadenan el proceso. Normalmente, cuando se cultiva en interior, la floración se hace con un fotoperíodo 12/12, sea cual sea la variedad. En exterior, no es posible regular el fotoperíodo, pero sí hay que tomar algunas precauciones. Es conveniente que las plantas no tengan ninguna luz cerca durante la noche, incluso unos minutos de luz pueden retrasar o incluso detener la floración. Por esta razón, no se debe plantar cannabis cerca de farolas u otras fuentes de luz. Para que la floración comience de la forma correcta, la noche debería ser completamente oscura e ininterrumpida. Cultivando en interior, el cultivador controla en qué momento florecen las plantas sólo cambiando el fotoperíodo de 18/6 a 12/12. Al aire libre hay que esperar a que la naturaleza haga su trabajo.

SEXADO

El cannabis es una planta dioica, las flores macho y las flores hembra crecen en individuos distintos. Por tanto, hay plantas de cannabis hembra y otras macho. Además, hay plantas hermafroditas, es decir monoicas, que tienen flores macho y flores hembra en la misma planta. Sólo las plantas hembra tienen interés para el cultivador. Las que son macho son poco psicoactivas y polinizan a las hembras, llenándolas de semillas y reduciendo mucho la potencia del producto final. Los ejemplares hermafroditas son aún peores porque pueden permanecer ocultos con apariencia de hembras hasta el peor momento, y no sólo polinizarán a las hembras, sino que pasarán su genética hermafrodita a las semillas. Para evitar problemas y lograr una cosecha de *sinsemilla*, es necesario sexar a tiempo las plantas y eliminar machos y hermafroditas.

La mejor marihuana es la sinsemilla, formada por flores hembra sin polinizar. Cuando una hembra de cannabis comienza a florecer, intenta mantener sus flores fértiles a la espera de que sean fecundadas por el polen. Si este polen no llega, la hembra sigue fabricando nuevas flores y engordando los cogollos con resina mientras intenta mantenerse fértil. Esta vana esperanza de la planta es el mejor aliado del cultivador. Las plantas hembra sin polinizar son las mayores productoras de cannabinoides psicoactivos.

Los machos y las hembras crecen de formas diferentes. Aunque los detalles que señalo a continuación no son una forma segura de conocer el sexo de una planta, pueden servir para afinar un diagnóstico. Si se cultiva siempre la misma variedad, la probabilidad de acertar se incrementa. En general, los machos suelen ser más altos y espigados que las hembras. El macho necesita altura para poder esparcir bien su polen al viento, mientras que la hembra crece menos, pero fabrica una estructura más ramificada y frondosa, ideal para aguantar muchos cogollos. Repito que fijarse en la forma de crecimiento no es un sistema seguro de sexar, sino sólo una indicación. El número de puntas de las hojas, el color o tamaño de las semillas, la forma del tallo o el olor que desprende la planta no son indicadores del sexo. Las únicas formas fiables de sexar el cannabis es fijarse en sus flores o en sus preflores.

¿Cuándo se puede sexar?

Las plantas que crecen en exterior comienzan a florecer cuando detectan que los días se van acortando. Esto sucede a partir del solsticio de verano, el 21 de junio. En la mayoría de las variedades, la floración comienza visiblemente a partir de finales de julio o principios de agosto, aunque algunas índicas son más tempranas y la mayoría de las sativas más tardías. A partir de este momento la floración se desencadena con rapidez y resulta muy fácil sexar las plantas en un par de semanas.

> *Las flores hembra se distinguen por los dos estigmas o pelitos blancos que brotan del cáliz. Las flores macho forman racimos y nunca tienen estigmas.*

Las flores hembra no tienen pétalos y están formadas por un cáliz de color verde y forma de pequeña botella del que salen dos pequeños pelitos de color claro, los estigmas. Las flores hembra brotan en gran cantidad formando cogollos. Las flores macho cuelgan en racimos y están formadas por bolitas que se abren en cinco sépalos (parecidos a pétalos). Los machos suelen florecer algo antes que las hembras.

El principal inconveniente de esperar a la floración para sexar es que para entonces las plantas serán grandes y ocuparán mucho, con lo que los machos quitarán espacio a las hembras. Para evitar este problema, existe otra técnica de sexado que se puede aplicar en la mayoría de las variedades antes de que las plantas comiencen a florecer.

Sexado por preflores

La manera de distinguir el sexo lo antes posible consiste en fijarse en las preflores, que son las primeras flores que echa la planta. Aparecen mucho antes de que la floración comience. Normalmente surgen unos dos meses después de germinar la planta. Cultivando en el exterior, a primeros de mayo deberíamos ver las primeras preflores y para finales de agosto el sexo de todas las plantas debe estar claro.

Cuando las plantas de cáñamo tienen entre uno y dos meses de edad, llegan a su edad adulta. A partir de este momento están completamente desarrolladas y florecerán en cuanto el fotoperíodo (la duración de los días) se lo indique. En la mayoría de las variedades, cuando las plantas llegan a la edad adulta, suelen brotar unas pocas flores, llamadas preflores, en los nudos del tallo central y de las ramas principales. El sexo de las preflores es el sexo de la planta. Con la ayuda de una lupa de ocho aumentos, resulta bastante sencillo averiguar el sexo de una planta atendiendo a sus preflores cuando aún faltan semanas o incluso meses para la verdadera floración.

Las preflores aparecen en los puntos donde se unen al tallo central las hojas primarias, las ramas laterales y las estípulas. Como las preflores son muy pequeñas, es aconsejable utilizar la lupa para verlas mejor. Observa el punto donde el pecíolo de una hoja (el tallo de la hoja) se une al tronco central. Por encima del pecíolo verás una rama primaria. Al lado, busca la estípula. Es una pequeña hoja alargada, sin pecíolo, que nace del tallo, tiene forma de hoja de espada y una longitud de entre 0,5 y 1,5 centímetros.

El sexado por preflores permite sexar las plantas cuando tienen entre uno y dos meses de edad.

Figura 2. Preflores hembra.

Entre la estípula, el nacimiento de la rama lateral y el pecíolo de la hoja primaria, nacen las preflores.

Las preflores hembra tienen la forma de una flor hembra normal, pero siempre aparecen solas, sin formar cogollos. La flor hembra carece de pétalos y tiene dos partes claramente visibles: el cáliz y los estigmas. El cáliz es una protuberancia verde en forma de botella de entre 2 y 6 milímetros de longitud. En su interior guarda el ovario donde se desarrollará la semilla si la flor es polinizada por un macho. Los estigmas son dos pelillos de color blanco, amarillo o rosa que salen del cáliz y tienen por misión recoger el polen del aire para llevarlo al ovario. En ocasiones las preflores hembra aparecen sin estigmas. Si se ve una flor hembra con dos estigmas en forma de uve en varios de los nudos del tallo central, entonces se puede marcar la planta como hembra. Si las flores no tienen estigmas, hay que marcar la planta como indeterminada y vigilarla hasta que se esté seguro de cuál es su sexo.

Las preflores macho no siempre tienen aspecto de flores

Figura 3. Preflores macho.

macho, a veces no se abren y son más difíciles de identificar porque pueden adoptar distintas formas. La forma más habitual es parecida a un as de picas de la baraja francesa. La preflor tiene un pequeño tallo o pedúnculo que soporta una bolita con una protuberancia en forma de dedo o garra. Más adelante, se diferenciarán cinco segmentos radiales en la flor que marcan los sépalos (similares a los pétalos). Las flores macho se pueden presentar también sin pedúnculo y con formas que recuerdan a una gota de agua o a un brote de la planta. Debido a estas dificultades, lo más sencillo es ir marcando las hembras en cuanto se pueda y vigilar de cerca las plantas aún indeterminadas. En una o dos cosechas se adquiere la habilidad necesaria para no equivocarse. Aunque se marque como hembra una planta, no hay que dejar de vigilarla. Algunas plantas son hermafroditas, esto es, hembras y machos a la vez. Hay hermafroditas que comienzan como hembras y después dan flores macho. Si no se detecta una hermafrodita y sus flores macho se llegan a abrir, podría polinizar todas las plantas.

CRONOLOGÍA DE LA FLORACIÓN

Al iniciar la floración los machos se alargan para que su polen quede por encima de las hembras y las polinice más fácilmente. Las hembras fabrican tallos más gruesos, fuertes y cortos. Las hojas nacen cada vez con menos foliolos (cada una de las hojuelas que forman la hoja) hasta que nacen sólo con uno. Normalmente, el patrón de crecimiento de las hojas pasa de opuesto a alterno; es decir, las hojas dejan de nacer de dos en dos y enfrentadas y comienzan a nacer de una en una, a uno y otro lado del tallo, alternativamente.

Fase de floración prematura

El desarrollo floral comienza lentamente. Después de la aparición de la preflores, surgen unas pocas flores en las puntas de las ramas. La planta pega un estirón y se alarga bastante, fabrica un «esqueleto» de ramas donde colocar sus cogollos. Para ayudar en este crecimiento, conviene utilizar en esta fase un abono de floración rico en nitrógeno, además de en fósforo y potasio. La distancia internudos es, en este primer momento, muy grande. Al principio, sólo aparecen unos pocos grupos de flores en las puntas de las ramas. Las flores tienen los estigmas frescos, normalmente de color blanco, aunque pueden ser rosados o púrpuras. Los cálices de las flores femeninas tienen una pelusilla (tricomas no glandulares) que los recubre, pero aún presentan muy pocas glándulas de resina (tricomas glandulares). Los tricomas son unas glándulas que aparecen principalmente en las flores, aunque también están presentes en otras partes de la planta; segregan la resina que contiene los cannabinoides. Tienen forma de seta con un tallito coronado por una bolita de resina. En este primer momento la producción de tetrahidrocannabinol (THC) es muy escasa y las bolitas son muy pe-

Figura 4. Fase temprana de la floración.

queñas; conforme avance la floración irán aumentando de tamaño.

Fase de floración temprana

En un segundo momento, comienzan a aparecen cogollos al acortarse la distancia internudos y crecer la producción de flores. La planta ya huele un poco y fabrica muchas flores. La producción de THC, sin embargo, aún no es grande. A lo largo de toda la floración hay que manejar las plantas con delicadeza. Si manoseamos los cogollos, los tricomas se rompen y la resina se oxida, con lo que el THC se destruye. La lluvia intensa también puede perjudicar la cosecha. No sólo romperá y arrastrará algunos tricomas, sino que también puede provocar que aparezca moho en el cogollo. Por esta misma razón, no se deben pulverizar las plantas una vez que la floración ha comenzado. A partir de este momento no conviene utilizar ningún tipo de insecticida tóxico para evitar que queden restos adheridos a los cogollos. En esta fase, la nutrición correcta de las plantas resulta vital para el éxito del cultivo. El cannabis absorbe gran cantidad de fósforo y potasio que usa para crear nuevas flores, pero sus necesidades de nitrógeno se reducen, ya que ha parado de crecer.

Fase cumbre de la floración

Algo después, la planta deja de crecer en altura y produce una gran cantidad de flores que van engordando los cogollos. Las hojas externas al cogollo se vuelven amarillas y se marchitan. La mayoría de las flores son fértiles y tan sólo aparecen unos pocos estigmas marrones y marchitos. La producción de resina es muy grande y comienza a cubrir los cálices. En condiciones naturales, la planta sería polinizada y comenzaría a fabricar semillas. Cultivando sinsemilla, se eliminan los machos para impedir que las flores sean fecundadas. Esta técnica fuerza al cannabis a fabricar más resina para mantener las flores fértiles a salvo de las radiaciones solares, mientras espera un macho que nunca llegará. Los cogollos huelen intensamente, cargados de resina. Algunos cultivadores recolectan determinadas variedades en este momento, cuando aún hay muchos estigmas fértiles. La marihuana obtenida es más cerebral y menos sedante debido a los bajos niveles de cannabidiol (CBD) y cannabinol (CBN) presentes en la resina. La cantidad total de THC es, eso sí, algo menor. En esta tercera fase las necesidades de fósforo y potasio son altísimas para lograr grandes cogollos, el nitrógeno, en cambio, puede eliminarse para

La mayoría de las variedades se cosechan al final de la fase cumbre de la floración o al principio de la fase tardía.

que la planta vaya limpiándose y mejore su sabor. Es importante no abonar las plantas durante la última semana antes de la cosecha.

Fase de floración tardía

Llega un momento en que el cannabis deja de fabricar nuevas flores y los estigmas de las existentes van marchitándose. Las plantas pierden vitalidad. Muchas hojas grandes se han caído. Hojas, tallos y flores adquieren tonos otoñales; marrones, naranjas, amarillos y púrpuras aparecen en los cálices, tallos y pecíolos. Los estigmas se marchitan, suelen adquirir un color marrón seco y algunos se caen. La resina, traslúcida y cristalina al principio, conforme madura va adoptando un color ámbar algo más opaco. La mayoría de las variedades se cosechan al final de la fase cumbre o al principio de la fase tardía. La regla de oro dice que se cosecha cuando las glándulas de resina comienzan a cambiar de color, pasando del transparente al ámbar. Otra buena forma es mirar que entre el 50 y el 75 por ciento de los estigmas estén marrones o naranjas. Si la resina presenta un color blanco opaco o marrón, el momento idóneo para cosechar la planta ya ha pasado y la resina se está degradando.

REPRODUCCIÓN SEXUAL Y ASEXUAL

El cannabis se reproduce de dos formas: sexual y asexualmente. La reproducción sexual es la más conocida; el macho fecunda con su polen las flores de la hembra, que a continuación fabrica las semillas. La reproducción asexual consiste en que una parte de la planta emite raíces y se convierte en un individuo independiente.

Reproducción sexual: semillas

La reproducción sexual es la forma más habitual de propagación del cannabis.

En ella intervienen normalmente dos plantas: un macho y una hembra. La única excepción a esta regla son las plantas hermafroditas, capaces de fecundarse a sí mismas porque cuentan con flores macho y flores hembra en el mismo individuo.

El macho fabrica polen en las flores que es arrastrado por el viento cuando éstas, al madurar, lo dejan caer. Al aterrizar el grano de polen sobre los estigmas de una flor hembra, fecunda el óvulo que hay en el cáliz de la flor. Dentro del cáliz, la semilla crece y se desarrolla. Una vez que ha madurado, el cáliz se seca y la semilla cae al suelo, donde germinará en primavera.

En la reproducción sexual cada planta pone la mitad de los genes de la futura semilla. El grano de polen lleva la mitad de los cromosomas y el óvulo de la flor hembra lleva la otra mitad.

Reproducción asexual: esquejes

La reproducción asexual del cannabis permite que la planta genere nuevos individuos sin necesidad de cruzarse con otra planta. Todas las células de las plantas tienen la capacidad de desarrollar cualquier función. Gracias a esto, de las células de un tallo pueden brotar nuevas raíces e independizarse de la planta madre.

El cultivo de cannabis ha sufrido una revolución con los esquejes, especialmente en interior. Hoy en día, los cultivadores expertos trabajan siempre a partir de esquejes. El gasto en semillas es mínimo, desaparecen los problemas de sexado y todas las plantas son iguales.

Los esquejes se deben cortar mientras la planta está en crecimiento, antes de que comience a florecer. Aunque es posible enraizar esquejes de plantas en floración, resulta más difícil y el porcentaje de éxito es menor. Durante la floración sólo se sacan esquejes si hay gran interés en mantener viva esa planta por presentar cualidades excepcionales. En ese caso, se deben enraizar los esquejes bajo un fotoperíodo de dieciocho horas o incluso veinticuatro horas de luz. Con días tan largos, los esquejes pararán de florecer y, tras unas semanas de inactividad, revegetarán y volverán a la fase vegetativa de crecimiento.

Cultivar cannabis a partir de esquejes presenta importantes ventajas. La más obvia es que se acaban los problemas de sexado. Todos los esquejes de una planta tienen el mismo sexo que la madre. Es decir, todos los esquejes de una hembra serán, a su vez, hembras. Si sólo se cultivan esquejes de hembras, es seguro que no habrá ningún macho en la plantación. Cuando se siembran semillas, hay que contar con un 50 por ciento de machos. Para cosechar diez hembras, se tienen que plantar unos 20 cañamones. Durante meses, hasta que muestren su sexo, hay que cuidar de veinte plantas. Sin embargo, diez serán machos y, una vez sexadas, habrá que eliminarlas. Cultivando esquejes, todas las energías del cultivador se emplean en las hembras. Los machos no existen en la plantación.

Otra razón de peso para hacer esquejes es que permite mantener viva indefinidamente una planta concreta. Si se siembran diez semillas de una variedad, no todas las plantas serán iguales. Alguna cogollará más y producirá resina más potente. Como es lógico, el cultivador elige la mejor planta como madre. En la siguiente cosecha,

Los esquejes son clones, copias perfectas de la planta madre de la que fueron cortados.

con esquejes, todas las plantas serán copias idénticas de «la mejor». Los esquejes permiten cultivar plantas que ya se conocen y cuyas características son interesantes. El tipo de efecto y la potencia de todos los esquejes serán iguales a la madre.

Todos los esquejes de una planta son idénticos en sus patrones de crecimiento, tiempo de floración, necesidades de fertilizantes, etc. Al trabajar siempre con plantas iguales resulta mucho más sencillo planificar el cultivo. Todo el jardín madura a la vez y está listo para ser cosechado al mismo tiempo, algo especialmente útil si se cultiva en un lugar remoto o bastante inaccesible.

Por lo general, una planta de cannabis cultivada a partir de semilla no estará lista para florecer hasta que tenga de seis a ocho semanas de edad. Esto causa que algunas variedades se hagan muy grandes a partir de semillas, algo muy incómodo en el cultivo de interior. Los esquejes pueden florecer en cualquier momento y con cualquier tamaño, ya que su edad genética es igual a la de la planta madre; son plantas adultas y maduras desde que los cortamos. Los cultivadores de interior casi siempre trabajan con esquejes y los ponen a florecer con veintecincuenta centímetros de altura. Cultivando en interior, muchas plantas pequeñas rinden más que pocas plantas grandes.

Sin embargo, no todo son ventajas cuando se trabaja con esquejes. Los clones son iguales que sus madres, ni peores, ni mejores. Si la madre no es muy buena, los clones tampoco lo serán. Es decir, comparten con la madre no sólo sus virtudes, sino también sus defectos. Si la madre es poco resistente a los hongos, los esquejes tampoco lo serán. Si una cosecha de esquejes sufre el ataque de una plaga, todos sufrirán por igual, puesto que son idénticos entre sí, y en el caso de que la infestación sea grave, se puede perder toda la cosecha, algo que difícilmente pasa en una plantación de semilla, donde unas plantas son más fuertes y otras más débiles, con lo que siempre sobrevive alguna.

Cómo hacer un esqueje en diez pasos

1. Seleccionar una rama baja y cortar un trozo de unos quince centímetros con un cuchillo o tijera afilados. Debe hacerse el corte a medio camino entre dos nudos, dejando al menos dos o tres nudos en el esqueje. Los nudos son los puntos del tallo desde donde brotan las hojas y las ramas.

2. Meter el esqueje en un vaso con agua inmediatamente para que se conserve en buen estado hasta el momento de plantarlo.

3. Preparar una macetita con tierra de saco, turba, fibra de coco, lana de roca o una mezcla de perlita y vermiculita. Regar bien la tierra y hacer con un lápiz un agujero para meter el esqueje.

4. Sacar el esqueje del vaso y pasarlo por hormona de enraizamiento (en líquido o en polvo). Si es hormona en polvo, sacudir el esqueje un poco para que caiga el sobrante.

5. Plantar el esqueje en el agujero de la maceta y aplastar ligeramente la tierra alrededor del tallo para que se mantenga firme. Es muy importante que al menos un nudo del tallo quede bajo tierra (de ahí saldrán las raíces) y otro por encima.

6. Pulverizar el esqueje con agua y colocar la maceta en un miniinvernadero o dentro de una bolsa de plástico. Vale cualquier sitio donde la humedad sea muy alta, cercana al cien por cien. Conviene pulverizar agua sobre los esquejes dos veces al día.

7. Pasados tres días, dejar abierta una pequeña ranura del miniinvernadero para que la humedad baje un poco. Durante las siguientes dos semanas ir abriendo poco a poco las rendijas de ventilación.

8. Pulverizar los esquejes cuando sea necesario para evitar que baje demasiado la humedad.

9. En dos o tres semanas se verán salir las raíces por los agujeros de drenaje de la maceta y el esqueje comenzará a crecer. Ya se puede trasplantar a una maceta mayor y sacarlo del invernadero.

10. No hay que poner los esquejes a pleno sol o debajo de la luz de alta presión de sodio inmediatamente. Dejarlos unos días a la sombra o con la luz más alejada para que se vayan fortaleciendo.

Selección y mantenimiento de madres

Para seleccionar una madre, el primer paso es conseguir unas buenas semillas. Se plantan y se mantienen con un fotoperíodo de dieciocho horas. Cuando tienen seis o siete semanas, se cortan dos esquejes de cada planta y se ponen a enraizar con doce horas de luz para que a la vez que enraízan marquen el sexo. De dos a cuatro semanas después, los esquejes mostrarán sus primeros síntomas de floración y se podrán sexar. Este sistema sólo sirve para sexar las plantas, no hay que esperar una cosecha de estos esquejes. No han tenido tiempo de crecer, ya que han florecido directamente y apenas darán cosecha.

Hasta que brotan las nuevas raíces, los esquejes necesitan vivir en un ambiente muy húmedo.

Una vez que se sepa qué plantas son hembras, se eliminan los machos. El siguiente paso consiste en decidir qué hembra es la mejor. Hay que sacar nuevos esquejes y esta vez enraizarlos a dieciocho horas, para que sigan creciendo. Cuando brotan raíces, se mantienen en crecimiento hasta que alcanzan, al menos, cincuenta centímetros de altura. Entonces se ponen a florecer mientras las madres permanecen bajo el fotoperíodo de crecimiento. Cuando se cosechan los esquejes florecidos, un par de meses después, hay que probar cada uno para decidir cuál es el mejor. Una vez escogido, se busca la planta de la que se cortó ese esqueje y se deja como planta madre. Vivirá permanentemente bajo un fotoperíodo de dieciocho horas de luz para evitar que entre en floración. Cada vez que se necesitan nuevas plantas, se sacan esquejes de la madre y se enraízan.

2

Semillas y variedades

La calidad de la genética es la base del éxito en el cultivo de cannabis. El cultivador de marihuana debe tener claro que su cosecha será tan buena como lo permita la semilla que plante. La genética del cañamón es el principal factor que influye en la calidad de la marihuana. Con semillas de poca calidad, el resultado final no será bueno, aunque se cuiden muy bien las plantas. Los genes de la semilla son los que marcan los límites de la planta, su máximo potencial. Un buen cultivador logra que las plantas lleguen a expresar ese máximo potencial, pero en ningún caso podrá hacer que produzcan mucho tetrahidrocannabinol (THC) si esta característica no está en los genes de la variedad.

¿Qué semillas elegir?

La elección de la variedad adecuada es fundamental para el éxito del cultivo. No todas las semillas de cannabis son iguales. Con buenas semillas, sale buena marihuana; con malas semillas, sale mala hierba.

La calidad de la cosecha depende en primer lugar de la genética de la variedad sembrada y, en segundo lugar, de los cuidados del cultivador.

El cultivador que comienza no necesita comprar las variedades más caras. Los resultados que obtendrá con una buena variedad clásica de la mitad de precio le recompensarán igual. Las variedades más caras suelen ser las más nuevas y las que tienen mayor cantidad de genética sativa. Estas plantas a menudo son más difíciles de cultivar que las variedades índicas o índica-sativa y tardan más en acabar de madurar.

Las variedades índicas son más pequeñas y tienen una floración más rápida que las sativas. Funcionan muy bien en cultivos de guerrilla o de balcón, donde las plantas no pueden crecer mucho para mantenerse discretas. Las sativas más puras florecen lentamente y no se recogen hasta noviembre o incluso diciembre. Las plantas crecen mucho, son muy resistentes y tienen un efecto muy cerebral. No valen para espacios pequeños.

La mayoría de las variedades actuales suelen ser híbridos de variedades índicas y sativas que resultan en plantas intermedias entre índicas y sativas puras. En general, los híbridos tienen un tamaño intermedio, buena producción y una floración media o corta.

Casi todas las semillas pueden plantarse hasta el mes de junio, o incluso en julio, lo que supone una buena opción si no se desea que las plantas crezcan mucho. También puede ser adecuado para quien hace vacaciones en agosto sembrar tarde semillas de sativas, de modo que las plantas no florezcan hasta que regrese en septiembre. Siempre será más fácil instalar un sistema para mantener regadas pequeñas plantas en crecimiento que grandes matas en floración. Otra buena solución ante la perspectiva de las vacaciones es plantar índicas y forzar la floración desde finales de mayo o principios de junio. Si se mantienen las plantas a oscuras durante doce horas al día, comenzarán la floración y para principios de agosto se podrán cosechar. Este sistema no es para vagos, requiere oscurecer completamente las plantas cada día a la misma hora durante unos dos meses. Las sativas más puras se pueden cultivar en los lugares muy cálidos donde el invierno no llega hasta diciembre. Sin embargo, en las regiones del norte, será difícil que maduren, salvo que estén a cubierto de las lluvias y las heladas.

Gracias al clima del país, la mayoría de las variedades de semillas a la venta pueden sembrarse en España en interior o en exterior. Todas las variedades índicas y los híbridos índica/sativa son lo suficientemente rápidos en floración como para poderlos cultivar en exterior. En cuanto a las sativas, la cosa depende de la latitud de origen de la planta. Todas las variedades que crecen en países cerca del ecuador (0-20 grados) (Colombia, Congo, sur de la India, Kenia, Tailandia, sur de México, etc.) suelen tener una floración lentísima en nuestras latitudes y puede que no lleguen a madurar completamente hasta diciembre o enero, si el frío no las mata antes. Las variedades de latitudes de entre 20 y 30 grados (Sudáfrica, norte de México, centro de la India), aunque suelen acabar de florecer tarde, en noviembre o principios de diciembre, sí se pueden cultivar.

Las índicas son más pequeñas, se cosechan antes y tienen un efecto más físico que las sativas.

RAZAS CANNÁBICAS

La gran familia de *Cannabis sativa* tiene tres variedades principales: índica, sativa y rudelaris. Mientras que *Cannabis sativa v. sativa* crece en zonas ecuatoriales y tropicales por debajo de los 30 grados de latitud, *Cannabis sativa v. rudelaris* vive en áreas mucho más al norte, por encima de los 40 grados de latitud, y *Cannabis sativa v. indica* se quedó entre las dos, en un estrecho cinturón en torno a los 35 grados de latitud norte, que va desde el norte de África hasta Pakistán. Las variedades índicas son las plantas de las que se extrae el hachís y por eso han sido seleccionadas durante generaciones para obtener la máxima cantidad de resina. Algunos autores dividen la variedad índica en dos: *Cannabis sativa v. indica* y *Cannabis sativa v. afghanica.*

Índicas

Las principales representantes de las razas de marihuana índica son originarias de la cordillera del Hindu Kush (Afganistán y Pakistán), entre 30 y 37 grados de latitud norte. Suelen ser plantas relativamente pequeñas (1-2 metros) y bastante anchas, con un tronco fuerte e internudos cortos. Las ramas secundarias están poco ramificadas y por lo general crecen hacia arriba hasta alcanzar casi la altura del tallo central. Las plantas adquieren una forma como de cono invertido. Las hojas son muy anchas y presentan entre cinco y nueve foliolos. La cara superior de las hojas es de color verde oscuro y la inferior suele tener un tono más claro.

Las sativas puras tardan entre tres y seis meses en completar la floración y no se cosechan hasta diciembre o enero, si el frío no las mata antes.

Durante la floración, que es bastante rápida, producen un cogollo con un ratio medio de cálices/hojas, pero una gran cantidad de resina. Los cogollos son bastante densos y crecen a lo largo de toda la planta. Es una raza muy adecuada para cruzar con una sativa de floración lenta. Muchos híbridos holandeses están basados en este principio y poseen ancestros del Hindu Kush. El efecto es sedante y narcótico. Las plantas han sido seleccionadas para la producción de hachís, principal forma de consumo de cannabis en su región de origen.

Son variedades muy apreciadas para el cultivo por su alta productividad y potencia, baja estatura y rapidez de floración. Asimismo y por los mismos motivos, se emplean mucho en el desarrollo de nuevos híbridos, ya que estos rasgos resultan dominantes en la mayoría de los cruces, mejorando las características de muchas sativas de efectos deseables, pero floración muy lenta y enorme tamaño. El resultado suele ser una planta de menor tamaño y floración más rápida, pero que conserva, al menos en parte, el sabor y tipo de efecto de la variedad sativa, pues no suelen imponer su olor y su sabor.

Las variedades índicas producen grandes cantidades de resina porque han sido seleccionadas durante generaciones para la producción de hachís.

Otras razas de índicas son las plantas originarias de Líbano y Marruecos (34 y 35 grados de latitud norte, respectivamente). Muy poco ramificadas y normalmente de un color verde medio, tienen características semejantes a las variedades del Hindu Kush y se cultivan para la fabricación de hachís, aunque en Marruecos también se consume una pequeña parte de la cosecha en forma de kif o marihuana.

Sativas

Las sativas más puras florecen lentamente y no se recogen hasta noviembre o incluso diciembre. Crecen mucho, son muy resistentes y tienen una psicoactividad muy cerebral. No valen para espacios pequeños. Las sativas más puras se pueden cultivar en los lugares muy cálidos donde el invierno no llega hasta diciembre. Sin embargo, en las regiones del norte, será difícil que maduren, salvo que estén a cubierto de las lluvias y las heladas.

Muchas sativas puras provienen de países cercanos al ecuador, donde el fotoperíodo es muy diferente. Cuando las plantamos aquí, suelen tardar mucho en acabar de florecer y en ocasiones no están listas hasta noviembre, diciembre, e incluso más tarde. En las zonas más cálidas y meridionales de la Península, así como en las Canarias, esto puede no ser un problema. Las condiciones del norte peninsular son otra cosa. Las lluvias otoñales y las primeras heladas pueden dañar las plantas antes de que acaben de madurar.

La mayoría de las variedades sativas que venden los bancos de semillas se recogen entre finales de octubre y finales de noviembre. La floración de las sativas es algo distinta de la de las variedades índicas. Para empezar, las plantas crecen mucho más durante la floración, llegando fácilmente a doblar su tamaño, además, suele durar tres meses como mínimo; es decir, alrededor de un mes más que en las índicas.

Las sativas son muy apreciadas por su efecto estimulante.

Es necesario abonarlas con abono de principio de floración (que contiene dosis considerables de nitrógeno, aparte del fósforo y el potasio típicos de todos los abonos de floración) durante entre seis y ocho semanas por lo menos, más tiempo que a las índicas, que dejan de crecer a las tres o cuatro semanas de empezar a florecer.

En las sativas puras se puede acelerar algo la maduración manteniendo las plantas en macetas relativamente pequeñas, ya que así, al no poder desarrollarse más, florecen algo antes y sobre todo acaban de madurar en lugar de seguir floreciendo de forma indefinida.

Muchas sativas se manicuran con facilidad porque, además de tener pocas hojas, la mayoría amarillean y caen antes de la cosecha en una especie de automanicura. Aunque se cosechan tarde, si se abonan bien y tienen suficiente espacio para desarrollarse, las sativas suelen ser muy productivas, generando fácilmente varios cientos de gramos por cada planta sembrada en el suelo.

Híbridos

Las variedades actuales más cultivadas suelen ser híbridos de diversos tipos de índicas y sativas que resultan en plantas intermedias entre índicas y sativas puras. La mayoría de los híbridos tienen un tamaño intermedio, buena producción y una floración media o corta.

Autoflorecientes

Las variedades autoflorecientes no dependen del fotoperíodo para florecer. Mientras que la gran mayoría de las razas de cannabis crecen cuando los días son largos y florecen cuando son cortos, las variedades autoflorecientes empiezan a florecer independientemente de la duración de los días y las noches. Cuando se siembran, germinan y crecen durante muy poco tiempo y enseguida comienzan a florecer. Da igual en qué época se

Las autoflorecientes se cosechan entre dos y tres meses después de la siembra, independientemente del fotoperíodo y la época de cultivo.

siembren, están listas para ser cosechadas dos o tres meses después de la germinación.

Estas plantas suelen contener, en mayor o menor medida, genética rudelaris. Los primeros híbridos psicoactivos de rudelaris los puso a la venta Sensi Seeds en las variedades Rudelaris Indica y Rudelaris Skunk. El híbrido con índica daba plantas pequeñas y autoflorecientes en su mayoría, pero de relativamente baja psicoactividad. Rudelaris Skunk, por su parte, es más potente, pero sólo la mitad de las plantas son autoflorecientes, mientras que la otra mitad acaban en septiembre u octubre.

En los últimos años han aparecido muchos híbridos autoflorecientes nuevos, plantas que se pueden cosechar hasta en el increíble tiempo de sesenta días después de sembrar la semilla. Tal y como suena, dos meses desde la semilla hasta el cogollo. Suelen ser plantas de escasa estatura que se cosechan con una altura de entre treinta y cien centímetros como mucho. A menudo producen cosechas bastante pequeñas, pero el pequeño tamaño y la rapidez y comodidad de su cultivo compensan a muchos cultivadores.

Son plantas fáciles de esconder y cultivar. Además, no hay que preocuparse del fotoperíodo que hay en ese momento, simplemente se siembran y, dos meses después, se cosechan. En interior, se puede mantener la luz con un fotoperíodo de crecimiento (18/6 o 20/4) y sencillamente ir plantando nuevas semillas cada vez que se cosecha una planta. No es necesario mantener un cuarto de crecimiento y otro de floración.

Una de las principales ventajas de las autoflorecientes es que permiten realizar varias cosechas a lo largo del año. Prácticamente se puede sembrar en cualquier momento, lo que en teoría permitiría hasta seis cosechas anuales. Sin embargo, descartando los meses más fríos, se puede empezar a sembrar a principios de marzo y cosechar a principios de mayo. La segunda cosecha, sembrada en mayo, estará lista en julio. Un tercer ciclo puede realizarse entre julio y septiembre. En las zonas más cálidas, aún hay tiempo de sembrar una cuarta tanda de semillas en septiembre para cosecharlas en noviembre.

En los últimos tiempos han ido saliendo a la venta muchas variedades de semillas autoflorecientes. Ya hay disponibles semillas feminizadas de algunas de estas variedades. Las semillas feminizadas autoflorecientes son las variedades más sencillas y rápidas de cultivar. Se siembran y sólo hay que regar y abonar hasta cosecharlas dos o tres meses después. No hay que sexar, ni separar machos, ni prestar atención al fotoperíodo o el momento de la siembra.

Feminizadas

Las semillas feminizadas han revolucionado el cultivo de cannabis. Gracias a un complejo proceso que consiste en conseguir que una planta hembra brote flores macho y usar ese polen para fecundar otra hembra, se logra que todas las semillas den plantas hembras. Este avance hace que el cultivador ya no tenga que preocuparse de sexar las plantas ni de tener una polinización accidental de sus hembras. Además, todo el espacio disponible se puede dedicar a sembrar hembras. Aunque cuando empezaron a comercializarse no era raro que algunas plantas salieran machos o hermafroditas, en los últimos tiempos cada vez es más raro y la mayoría de los bancos de semillas venden variedades feminizadas que dan lugar a plantas hembra en el cien por cien de los casos. En algunas ocasiones, si las plantas feminizadas sufren un fuerte estrés por carencias nutritivas, falta de riego

Las semillas feminizadas sólo dan plantas hembra y evitan al cultivador el trabajo de eliminar los machos.

o ataques de plagas, pueden brotar algunas flores macho, pero en general, si se cuidan correctamente, sólo darán hembras.

BANCOS DE SEMILLAS

¿Qué tienen las semillas de los bancos?, se preguntan muchos cultivadores. Las de los bancos serios ofrecen, principalmente, estabilidad y potencia. Los bancos de semillas llevan a cabo una labor de selección de las mejores plantas. Estabilizan las variedades y las hibridan. Las semillas de los bancos, en general, suelen dar lugar a plantas semejantes entre sí. Maduran más o menos a la vez y casi todas las semillas dan lugar a buenas plantas.

Para producir las mejores semillas, hacen falta dos razas puras. Los bancos de semillas tienen que ir seleccionando, año tras año, las mejores plantas de una variedad para cruzarlas entre sí. A lo largo de varias generaciones estabilizan la variedad, de forma que todas las plantas sean parecidas entre sí. Cuando la variedad es estable, se siembran cientos de semillas y se selecciona la mejor hembra, que se cruzará con un macho de otra variedad pura y estable seleccionado a través del mismo procedimiento. Todo este proceso de selección e hibridación puede durar varios años e implica la germinación de unos cuantos miles de semillas. Con este trabajo se logran variedades muy potentes, homogéneas y productivas.

Los buenos bancos de semillas realizan una gran labor: seleccionan las mejores plantas, crean nuevas variedades y las ponen a disposición de los cultivadores de todo el mundo.

Los cañamones producidos por bancos de semillas tienen varias ventajas. Por un lado, se sabe exactamente qué variedad se planta y, por tanto, lo que se puede cosechar. Plantando buenas semillas, todas las hembras serán potentes y productivas. En segundo lugar, la mayoría de las variedades de los mejores bancos de semillas son híbridos F1, por lo que gozan del vigor híbrido que les hace producir hasta un 25 por ciento más de cogollos. En tercer lugar, las semillas F1 suelen dar lugar a plantas bastante homogéneas, es decir, parecidas entre sí. Todas las plantas de una variedad serán semejantes y estarán maduras y listas para cosechar más o menos al mismo tiempo.

Las desventajas de las semillas comerciales surgen de sus ventajas. Como la mayoría son híbridos F1 y no razas puras, resulta muy difícil hacer cruces útiles y homogéneos. Si fueran semillas de razas puras, cada cultivador podría hacer sus semillas F1, pero, por otro lado, la producción de las razas puras es mucho menor. En fin, que la principal desventaja es que hay que comprarlas cada año, salvo que se mantengan madres vivas.

Otro de los inconvenientes de las semillas de banco es la irregular calidad. En ocasiones, las semillas se venden inmaduras, medio rotas o viejas, lo que provoca bajos índices de germinación o sospechosos crecimientos deformes. La única forma de combatir esto es rechazar las semillas que no presenten un buen aspecto y estén bien maduras (gorditas, brillantes y bastante oscuras). Si las semillas son verdes o muy claras, muy pequeñas o muestran roturas o grietas, se deben rechazar. Y en el caso de que germinen pocas, hay que quejarse en la tienda. Sólo los bancos que vendan buenas semillas deberían hacer negocio.

LISTADO DE BANCOS DE SEMILLAS

El número de bancos de semillas de cannabis aumenta día a día y se cuentan por cientos. Los siguientes son algunos de los más conocidos:

Advanced Seeds (http://www.advancedseeds.com/).
Afropips Seeds (http://www.afropips.com/).
Autofem (http://www.autofem.com).
Barney's Farm Seeds (http://www.barneysfarm.com/).
Big Buddha Seeds (http://www.bigbuddhaseeds.com/).
British Columbia Seed Co. (http://bcseeds.com/index.php).
Buddha Seeds (http://www.buddhaseedbank.com/).
Cannabiogen (http://www.cannabiogen.com/).
Ceres Seeds (http://www.ceresseeds.com/).
Delicatessen seeds (http://www.delicatessen-seeds-bank.com/ previo.htm).
Delicious Seeds (http://deliciousseeds.com/).
Dinafem (http://www.cannabislandia.com/department/ depart ment/169).
DJ Short (http://www.legendsseeds.com/). http://www. hempdepot.ca/seeds/dj_short/index.html
Dutch Passion (http://www.dutch-passion.nl/).
El Clandestino (http://www.elclandestino.com/).
El Globo (http://www.semillaselglobo.com/).
Eva Seeds (www.evaseeds.com).
Goodhouse Seeds (http://www.cannabislandia.com/depart ment/department/111).
Green House Seeds (http://www.greenhouseseeds.nl/ shop/).
High Quality Seeds (http://www.highqualityseeds.nl/).
Homegrown Fantaseeds (http://www.homegrown-fantaseeds. com/...rownpages/shop).

K. C. Brains Seeds (http://www.kcbrains.com/).

Kannabia Seeds (http://www.kannabia.net/).

Lowlife Seeds (http://www.autofloracion.com/lowlife-seeds/).

Magus Genetics (http://www.magusgenetics.com/seiten/ welcome_uk.html).

Mandala Seeds (http://www.mandalaseeds.com/).

Medical Seeds (http://www.medicalseeds.net/).

Mr. Nice Seeds (http://www.mrnice.nl/dhtml/home.php).

Next Generation Seeds (http://www.elbruixot.com/shop/-c-32_244.html). http://www.hopefulgrow.com/semillas-...-c-78_202.html

Nirvana Seeds http://www.nirvana.nl/).

No Mercy Supply (http://www.nomercy.nl/).

Paradise Seeds (http://www.paradise-seeds.com/).

Positronics (http://www.positronicseeds.com/).

Professional Seeds (http://www.professionalseeds.com/).

Pyramid Seeds (http://www.piramideseeds.com/).

Resin Seeds (http://www.resinseeds.net/).

Sagarmatha Seeds (http://www.sagarmatha.nl/).

Seedsman Seeds (http://www.seedsman.com/).

Sensi Seeds Bank (http://www.sensiseeds.com/).

Sensi Seeds White Label (http://www.sensiseeds.com/).

Serious Seeds (http://www.seriousseeds.com/).

Spice of Life Seeds (http://www.legendsseeds.com/).

Soma Seeds (http://www.somaseeds.nl/).

Sweet Seeds (http://www.sweetseeds.es/).

T. H. Seeds (http://www.thseeds.com/).

THC Seeds (http://www.thcseeds.com/).

The Flying Dutchmen (http://www.flyingdutchmen.com/).

The Joint Doctor (http://ww.lowryder.co.uk/es/cannabi...s/ joint-doctor).

Vulkania seeds (http://www.vulkaniaseeds.com/).

Zenith Seeds (http://www.zenithseeds.es/).

3

Cultivo de exterior

El cultivo en exterior es la forma más fácil de obtener marihuana. De hecho, si el terreno es fértil, se podrían obtener resultados aceptables simplemente esparciendo unos cañamones y regando de vez en cuando, aunque lo habitual es que requiera algo más de dedicación, sobre todo cuando las plantas crecen en macetas.

La plantación de exterior suele comenzar en primavera con la germinación de las semillas. Las plantas se mantendrán en crecimiento hasta el verano, cuando florecerán. La cosecha se realiza a finales de verano o en otoño.

ELECCIÓN DEL LUGAR

El lugar ideal estará orientado al sur para que reciba sol directo durante el mayor número posible de horas. Cuanto más sol tenga la planta, más grandes y potentes serán los cogollos. El cannabis necesita abundante agua y es conveniente que haya cerca de la plantación para evitar pasarse el mes de

El cannabis ama el sol, así que debe sembrarse en lugares donde luzca todo el día.

agosto, que es cuando más riego precisa, acarreando litros y litros de agua para las plantas.

Es recomendable buscar un lugar discreto, a ser posible invisible para extraños, cotillas o vecinos. Siempre que sea posible, el huerto deberá estar protegido de los vientos fuertes; una brisa suave beneficia y fortalece las plantas, pero si el aire es demasiado fuerte, tiende a deshidratar las hojas y multiplica el consumo de agua. También puede destruir parte de las glándulas de resina.

PREPARACIÓN DEL SUELO

Aquel que tenga un jardín o un huerto donde plantar parte con grandes ventajas: la cantidad de tierra de que dispone cada planta es muy grande y no es tan fácil que las sales se acumulen o los nutrientes escaseen. Durante los meses más calurosos la tierra no se calienta tanto como cuando está en macetas. Sin embargo, aun plantando en el suelo, se deben tomar algunas precauciones.

¿Cómo es la tierra? Casi todas las tierras suelen ser una mezcla de arcillas, arenas y materia orgánica en descomposición. Cuando una tierra tiene una gran parte de arena, se denomina tierra arenosa. Estas tierras retienen mal la humedad, pero drenan bien y las raíces reciben abundante oxígeno. Las tierras arcillosas, por el contrario, almacenan mucha agua, pero a costa de un peor drenaje y una oxigenación más pobre de las raíces. Al cannabis no le gustan las tierras arcillosas.

Si la tierra no es muy fértil, lo mejor es hacer un gran agujero y llenarlo con buena tierra de saco.

La tierra ideal debe ser poco arcillosa, drenar bien, pero almacenar la humedad necesaria, ser esponjosa y permitir una buena oxigenación de las raíces. Al mismo tiempo, ha de tener una gran cantidad de materia orgánica. Si tiene la textura adecuada, la tierra húmeda debe compactarse y formar una pelota al apretar un puñado entre las manos, pero se debe poder deshacer con facilidad.

En el caso de que la tierra disponible sea demasiado arenosa o arcillosa, se puede mejorar su textura añadiéndole materia orgánica: el compost, el mantillo o el estiércol bien descompuesto son elecciones seguras.

Si la tierra es muy pobre, también hay que agregar elementos nutritivos sea en forma de abonos orgánicos (compost, estiércol, guano, harina de sangre o de huesos, humus de gusanos, etc.) o abonos granulares de acción lenta. Es mejor añadir los acondicionadores, especialmente si son orgánicos, unos meses antes de plantar para que se vayan descomponiendo y liberando nutrientes.

A menudo resulta más adecuado hacer un buen agujero en el terreno, de al menos cincuenta centímetros de diámetro y otros tantos de profundidad, y rellenarlo con tierra comercial de saco que intentar arreglar la tierra que tenemos. Esta técnica permite controlar con exactitud qué contiene la tierra.

RECETAS DE TIERRA

Se puede cultivar cannabis en sustratos muy diferentes. En realidad, basta con que drenen bien, sean esponjosos y aguanten algo de humedad. La perlita, la arena y la lava volcánica dan drenaje y oxigenación a la mezcla. La tierra, el estiércol, el humus de lombrices, la turba o el compost añaden humedad y nutrientes. La vermiculita aporta principalmente humedad.

Cualquier mezcla que aporte oxígeno, agua y nutrientes a las raíces servirá. Las siguientes recetas de tierra son todas válidas para el cannabis; unas son más húmedas, otras drenan mejor..., pero todas funcionan bien.

Es importante vigilar la calidad de la tierra que se usa. La tierra fértil de prado puede ser muy buena, pero también es posible que contenga semillas de malas hierbas o huevos de insectos. La tierra comercial de saco suele estar bien equilibrada y tener un pH adecuado, algunas también se esterilizan para matar las semillas y los huevos. No se debe usar tierra vieja ya utilizada. La tierra usada tiene sales acumuladas y deficiencias de nutrientes. Siempre merece la pena plantar en tierra nueva, especialmente cuando se cultiva un vegetal tan preciado.

Es importante mezclar los componentes de las recetas a conciencia para que no queden terrones y el sustrato sea homogéneo.

1. Una receta barata para mejorar la tierra en un cultivo de guerrilla:
   5 partes de la tierra existente.
   2-3 partes de perlita.
   2 partes de humus de gusanos.
   1 parte de arena.

2. Pesada, húmeda y nutritiva, buena elección si se dispone de estiércol. Buena en exterior:
   1 parte de humus de gusanos.
   1 parte de estiércol.
   1 parte de arena.

3. Ligera, buen drenaje, cuesta mojarla cuando está muy seca. Buena en interior:
   1 parte de turba.

1 parte de humus de gusanos.
1 parte de perlita.

4. Sencilla, poco nutritiva, buena aireación y retención de agua. Buena en interior:
4 partes de tierra de saco.
1 parte de vermiculita.
1 parte de perlita.

5. Nutritiva, drenaje medio. Buena para interior y exterior:
2 partes de tierra de saco.
2 partes de compost.
1 parte de arena.
1 parte de perlita.

6. Buen drenaje, nutritiva, pesada. Buena para macetas en exterior:
2 partes de compost.
1 parte de perlita.
1 parte de arena.
1 parte de lava.

7. Nutritiva, buena retención de agua, drenaje medio. Adecuada para todo uso, en interior conviene añadir más perlita:
1 parte de tierra de saco.
1 parte de fibra de coco.
1 parte de perlita.
1 parte de humus de lombriz.

MACETAS Y CONTENEDORES

Una maceta contiene poca tierra si la comparamos con la que tiene una planta que crece en el suelo. Con tan poco sustrato, los nutrientes se agotan pronto, la tierra se seca con rapidez y el nivel de sales crece con cada riego. En general, el cannabis, para crecer bien, necesita cuatro o cinco litros de tierra por cada treinta centímetros de altura. Para una planta de balcón de un metro y medio o dos metros, irá bien una maceta de veinte o treinta litros. Cuanto mayor sea la maceta, más fácil será abonar sin sobrefertilizar ni quemar la planta. Un tiesto pequeño es fuente de problemas.

Los tiestos de barro transpiran más que los de plástico. Esto hace que las plantas se conserven más frescas, algo muy importante en un clima tan caluroso como el nuestro, pero se secan antes y hay que regarlas más a menudo. Las macetas de plástico son más cómodas por su menor peso, pero se calientan mucho, especialmente las de color negro. Las blancas funcionan mejor.

> *El cannabis se debe regar con agua abundante cada vez que la capa superior de tierra se seque.*

Es importante poner en el fondo de la maceta, antes de echar la tierra, una capa de grava, arlita, roca volcánica, etc., de unos dos centímetros que facilite el drenaje de la tierra. Los riesgos de regar en exceso, como pudrir las raíces, se evitan en parte con esta capa de drenaje.

Las jardineras funcionan bien porque cabe una gran cantidad de tierra y varias plantas, pero, si una de ellas resulta ser un macho o tiene alguna plaga, es difícil sustituirla sin dañar las raíces del resto.

RIEGO

Todos los cultivadores saben que el cannabis necesita bastante agua. Pero ¿cuánto es *bastante*? La respuesta a esta pregunta puede ser obvia para un cultivador experimentado, pero los cultivadores principiantes a veces no lo tienen claro. El riego no debe ser algo rígido, sino acorde a las necesidades de la planta y a la climatología. Como norma general, no hay que regar hasta que la capa superior de tierra (de uno a dos centímetros) se haya secado. En función del tamaño de la planta y del calor que haga, esto sucederá antes o después. Por supuesto, si la planta es muy grande y la maceta muy pequeña, los riegos serán más frecuentes que si la situación fuera a la inversa, una maceta grande para una planta pequeña. Al cannabis le va bien pasar por ciclos húmedos y secos. Eso no quiere decir que haya que dejar que se seque toda la tierra, con unos centímetros es suficiente, pero tampoco es bueno que la tierra permanezca siempre empapada. En pleno verano, las plantas necesitan transpirar mucho para poder soportar las altas temperaturas y esto, lógicamente, también aumenta la necesidad de agua.

Si el riego es excesivo, sobre todo mientras la planta es joven, se corre el riesgo de que aparezcan hongos en las raíces, y si es escaso, la planta se desarrollará pobremente y la producción bajará en picado.

Es muy importante que cuando se rieguen las plantas se haga en abundancia, hasta que el agua salga por los agujeros de drenaje. Sólo si toda la tierra de la maceta se empapa bien, podrán las raíces medrar a su antojo. Si se usan pequeñas cantidades de agua, la mayor parte de la tierra quedará seca y, por tanto, fuera del alcance de las raíces.

Por último, el mejor método para saber cuándo regar es mirar las plantas. Todas reflejan en su

En climas cálidos conviene sombrear las macetas para evitar que el sol cueza las raíces.

aspecto la cantidad de agua de que disponen. Cuando a una planta empieza a faltarle el agua, pierde vigor y aparece caída y sin fuerza. En cuanto se riega, recupera su buen aspecto.

En la mayor parte de la Península Ibérica llueve muy poco durante el verano y es necesario regar las plantas a menudo. Durante los meses de más calor hay que regar, al menos, cada siete o diez días si el cannabis está plantado en el suelo y con buena tierra, o más frecuentemente si está en macetas o con tierra pobre. Una maría de un metro y medio en un contenedor de treinta centímetros necesitará ser regada cada uno o dos días durante julio y agosto.

Cultivando en contenedores, el tamaño de la maceta y la composición del sustrato también influyen en el riego. Una maceta pequeña se seca antes que una grande, del mismo modo que una maceta de barro se seca antes que una de plástico. Las tierras arenosas, con buen drenaje, aguantan menos agua que las arcillosas o muy fértiles.

Una maceta, en una terraza al sol, puede alcanzar temperaturas de más de cincuenta grados. Con este calor las raíces se cuecen y el agua de la tierra se evapora muy deprisa. Es muy recomendable instalar algún sistema que sombree las macetas para que no se calienten tanto y elevarlas del suelo a fin de que el aire corra por debajo. Algunos cultivadores meten una maceta dentro de otra, con lo que queda una cámara de aire entre las dos que modera la temperatura. Las macetas de color negro se calientan mucho más que las blancas.

ABONOS

Las plantas en macetas necesitan ser abonadas con mucha frecuencia, mientras que las que crecen en el suelo pueden aguantar más días, ya que las raíces pueden extenderse en busca de alimento. En general, las plantas se abonan con fertilizante de crecimiento hasta que empiezan a florecer, momento en el que se pasa al abono de floración. Normalmente, las plantas empiezan a echar flores en julio o agosto, primero en las índicas y luego en las sativas. Durante las primeras semanas de floración, las plantas crecen mucho y necesitan un fertilizante que, además del fósforo y el potasio necesarios para formar los cogollos, contenga una buena cantidad de nitrógeno. Pasadas tres o cuatro semanas desde el inicio de la floración, las plantas detienen su crecimiento y se concentran en engordar los cogollos. La necesidad de nitrógeno disminuye mientras aumenta la de fósforo y potasio.

GERMINACIÓN

Las semillas de cannabis necesitan agua y calor para germinar, nada más. El sistema más sencillo consiste en plantar las semillas en macetas enterrándolas a 0,5-1 centímetro de profundidad. Hay que regar bien la tierra y mantener la maceta cubierta con un plástico hasta que aparezcan las plantas. Si se entierran las semillas muy profundamente, no tendrán fuerza para salir.

Otro buen sistema es germinar las semillas entre servilletas de papel húmedas. Antes, hay quien las mete en un vaso de agua durante veinticuatro horas (no conviene alargar este tiempo). Las servilletas deben estar bastante húmedas, pero sin chorrear. Se cubre el recipiente con las semillas (no necesitan luz) y se coloca en un lugar cálido (nunca encima de un radiador, está demasiado caliente), la temperatura del interior de casa suele ser suficiente. Es muy importante sembrar las semillas en las macetas tan pronto como se abran y empiece a asomar la raíz. Se plantan a poca profundidad (0,5-1 centímetros) y con la raíz apuntando hacia abajo. Si no se sostiene, se puede poner tumbada. Se cubre con tierra sin apelmazarla en exceso. Hay que regar con moderación y mantener la tierra húmeda hasta que las plantas aparezcan.

No es recomendable germinar las semillas directamente en el suelo. Los caracoles, conejos y otros bichos tienen predilección por los brotes tiernos de cannabis y, con los precios que tienen las semillas, más vale no desperdiciarlas. Se germinan en macetas y se plantan cuando estén crecidas.

Una vez que las plantitas han nacido, hay que regarlas cuando la tierra se seque en la superficie. No es necesario regarlas continuamente, ya que se pueden ahogar. Cuando las plantas tengan dos o tres semanas de edad, se puede empezar a abonarlas con algún fertilizante líquido una vez por semana.

¿Cuándo se germinan las semillas?

La marihuana se suele sembrar en primavera. Las variedades más aclimatadas a nuestro fotoperíodo se pueden sembrar desde marzo, pero muchas variedades índicas o híbridas de Holanda, Suiza o Canadá pueden comenzar a florecer precipitadamente si nacen antes del mes de abril.

En marzo se plantan las variedades sativas puras traídas de países ecuatoriales o bien las variedades locales o paisanas bien aclimatadas. Las índicas y todas las semillas holandesas, canadienses o suizas se siembran en abril. En mayo o junio también se pueden germinar semillas, aunque las matas no serán tan grandes. La siembra en julio o agosto es posible, pero las plantas crecerán menos. Las plantas sembradas tan tarde se deben cuidar especialmente bien para que crezcan lo suficiente, ya que al tener una temporada de crecimiento tan corta, si les faltan nutrientes, se pueden quedar muy pequeñas.

CRECIMIENTO

La fase de crecimiento del cannabis abarca desde la germinación hasta el comienzo de la floración. Cuando las condiciones son adecuadas, las plantas pueden crecer a gran velocidad, hasta varios centímetros cada día, y alcanzar cinco o seis metros de altura. Durante las primeras semanas de vida las plantas son bastante delicadas y crecen despacio, pero pasadas dos o tres semanas se acelera el desarrollo. Es importante nutrir bien las plantas y prevenir la aparición de plagas que podrían dañar la cosecha.

La poda y el manejo de ramas

La poda de ramas se hace básicamente por dos motivos: para aumentar la ramificación de la planta y darle un aspecto más parecido a un arbusto que a un abeto o para limitar su creci-

Figura 5. Plantas creciendo en invernadero.

miento y que siga siendo discreta. La poda durante la floración puede afectar de forma negativa a la planta, por lo que hay que tener mucho cuidado.

Cuando el fin es que la planta se ramifique, se suele cortar la punta del tallo principal. Si se observa la punta del tallo de una planta de cannabis, se verán las últimas hojas que han salido y, en el centro, el nuevo brote. Al cortar este brote, la planta echará dos ramas en el primer nudo que haya por debajo del corte. Los nudos son los puntos en que las ramas y las hojas se unen al tallo. Si después se cortan los brotes de las nuevas ramas, se volverán a ramificar y, en vez de dos ramas principales, la planta tendrá cuatro. Los brotes son el lugar por donde crece la planta y miden la duración de la luz solar. Cuando los días comienzan a acortarse, le indican a la planta que debe florecer porque el otoño se acerca. Si se poda muy tarde, la floración se puede retrasar porque la planta no mide correctamente las horas de luz. Un método seguro consiste en no podar justo cuando vaya a empezar la floración. En general, las índicas se pueden podar sin riesgo hasta mediados de julio y las sativas algo más tarde, según las variedades incluso durante el mes de agosto.

> *Nunca hay que podar las puntas de las plantas cuando la floración está a punto de comenzar o ya ha empezado.*

Cuando el fin es mantener las plantas pequeñas o bajas para que no se vean, no sólo hay que cortar la punta del tallo central, sino también todas aquellas ramas que son demasiado altas. El principal problema es que las plantas se estiran más especialmente durante la floración, justo cuando no se deben podar las plantas. En este caso, es más útil atar las ramas a la altura deseada que podarlas. La mejor forma de controlar la altura de las plantas en floración consiste en doblar las ramas más altas y fijarlas en la posición deseada atándolas con cuerdas. Las plantas no sufren con esta técnica ni tampoco se reduce su producción. Aunque después de atarlas parezcan desgarbadas, en un par de días todas las hojas se habrán recolocado mirando al sol, y las puntas de las ramas habrán comenzado a crecer hacia arriba. A veces, los cultivadores tumban y atan una planta que aún no ha empezado a florecer de modo que el tallo quede paralelo al suelo, en unos días todas las ramas se reorientan hacia arriba, y lo que era una planta con forma de abeto queda convertida en un bosquecillo de ramas más pequeñas que parten todas del tallo tumbado.

FLORACIÓN

A partir de julio o agosto, según las variedades, el cannabis empieza a florecer. En las primeras semanas pega un gran estirón y después comienza a llenar sus ramas de cogollos. El número de flores que brotan en una planta de cannabis de dos o tres metros de altura es incalculable y, para ello, necesita grandes cantidades de nutrientes, sobre todo de fósforo y potasio. La necesidad de riego y abonado aumenta debido al calor que suele hacer en agosto y septiembre y al gran tamaño que habrán alcanzado las plantas. En macetas, serán necesarios riegos y abonos cada uno o dos días. Si las plantas crecen en el suelo, será suficiente con regarlas un par de veces por semana.

Un elemento que juega malas pasadas en la floración es el viento. Hay que tener en cuenta que las variedades de marihuana que se cultivan hoy en día producen tal cantidad de flores que las ramas a veces se doblan bajo su peso. Cuando hace viento fuerte, las ramas se rompen con facilidad desgarrándose del tallo central.

Para evitarlo, se fijan con cuerdas para que el viento no las pueda agitar mucho. Si una rama se rompe completamente, no hay nada que hacer, pero si queda algo de tejido uniendo la rama al tallo central, se puede fijar aquélla en posición con cinta americana y, normalmente, continuará madurando sin problema.

COSECHA

Entre mediados de septiembre y finales de noviembre, se cosecha la gran mayoría de variedades. Las índicas suelen ser las más tempranas y las sativas puras las más tardías. Casi todas las variedades más cultivadas se cortan entre finales de septiembre y finales de octubre.

Figura 6. Planta lista para la cosecha.

Cómo elegir el día de la cosecha

Según qué variedad se cultive, el momento óptimo para cosechar será entre principios de septiembre (para algunas, las menos, índicas muy rápidas) y mediados de diciembre (para las sativas más puras). La mayoría de las variedades híbridas de los bancos de semillas se cosechan entre mediados de septiembre y finales de octubre. Las variedades índicas son más tempranas y suelen estar listas en septiembre o primeros de octubre. Realmente hay muy pocas que se cosechen antes del 15 de septiembre, la mayoría se corta en la segunda quincena de septiembre o en la primera de octubre. Las sativas y los híbridos son más inesperados. Alguna variedad temprana puede estar madura en septiembre, pero la mayoría no acaba de madurar hasta el mes de octubre. Las sativas más puras de los bancos de semillas suelen hacerlo a finales de octubre o en noviembre, y las sativas puras traídas de países ecuatoriales a veces no están listas hasta diciembre, o mueren sin haber cogollado de verdad.

La mayoría de las variedades se cosecha entre finales de septiembre y principios de noviembre, aunque algunas índicas pueden ser más tempranas y muchas sativas son más tardías.

CULTIVO EN HUERTOS Y JARDINES

Las semillas se deben germinar en macetas y trasplantar al suelo cuando las plantas ya tengan al menos un palmo de altura. La germinación directa en el suelo suele dar problemas porque los caracoles y las babosas se comen las semillas. Para ahuyentarlos, se puede esparcir cebo antilímacos de formaldehído, o se rodea cada tallo con un círculo de ceniza, que los caracoles no pueden atravesar. Hay que renovar la ceniza después de cada lluvia. Para los conejos, lo mejor es hacer una protección de malla de gallinero para el huerto. La malla debe estar enterrada por lo menos a treinta centímetros para que los conejos no hagan un túnel.

El mejor sistema para cultivar si la tierra no es muy buena consiste en hacer un agujero grande (por lo menos de un diámetro y profundidad de cincuenta centímetros) y llenarlo de buena tierra de saco. Este método funciona muy bien, y si cada año se hacen agujeros nuevos, en un tiempo habrá mejorado la tierra de todo el huerto. El lombricompost esparcido alrededor de cada planta y mezclado con la tierra es un gran fertilizante para el desarrollo del cannabis. Su riqueza en nitrógeno y micronutrientes fortalecen las plantas y estimula el desarrollo de la vida del suelo.

En los cultivos en el suelo, especialmente si el huerto se abonó con estiércol o lombricompost antes de plantar, es posible que no haga falta añadir nada más, al menos hasta la floración. En cualquier caso, si el crecimiento se parase o las plantas se pusieran amarillentas o de color verde claro, se debe añadir algo de abono. Se puede usar lombricompost esparcido directamente sobre la tierra o cualquier abono líquido disuelto en el agua de riego. En general, las plantas que crecen en el suelo no requieren abonados muy frecuentes, ya que las raíces se pueden extender y buscar los nutrientes necesarios en un área considerable. En cualquier caso, en los cultivos en el suelo conviene dejar el abono al menos dos o tres semanas antes de la cosecha.

Las plantas que crecen en huertos soportan mejor el calor y la sequía, ya que las raíces, que se habrán extendido mucho durante los primeros meses de crecimiento, captan la humedad de las capas profundas del suelo y no necesitan riegos tan frecuentes. Un riego abundante a la semana suele ser suficiente para un correcto desarrollo. Para mantener el suelo húmedo, es muy recomendable cubrir la tierra con paja, hojas secas o cualquier otro material que mantenga la tierra sombreada y evite que el sol la recaliente.

CULTIVO EN TERRAZAS Y BALCONES

Las macetas deben ser grandes, al menos de diez litros; cuanto mayor sea la maceta, mayor será la producción y el vigor de las plantas. En exterior, las macetas de veinte o treinta litros o un diámetro de treinta a cuarenta centímetros van muy bien. Es mejor usar macetas blancas porque reflejan la luz y no se calientan tanto. En tiestos negros se cocerán las raíces en cuanto les dé el sol veraniego. La tierra que pongamos en las macetas debe ser fértil y estar libre de parásitos o semillas de malas hierbas. Lo mejor es utilizar tierra nueva de saco de la que venden en los *grows* y las tiendas de jardinería. Es recomendable evitar las tierras muy baratas que se venden en los «todo a cien», ya que no suelen dar buen resultado.

Cuanto más grandes sean las macetas, mayores serán la producción y el vigor de las plantas.

La tierra preabonada suele tener los nutrientes necesarios para que las plantas vivan de dos a cuatro semanas. A partir de ese momento, es conveniente mezclar algún abono de crecimiento (rico en nitrógeno) en el agua de riego al menos una vez por semana.

Figura 7. Cultivo en terraza.

Las plantas se desarrollan muy rápidamente a partir de la segunda o tercera semanas de vida y hay que vigilar que las macetas no se queden pequeñas. Cuando esto suceda, se deben trasplantar a macetas de mayor tamaño. Lo más recomendable para terrazas y balcones es usar macetas de diez a cincuenta litros de capacidad. Las macetas de veinte litros son una medida adecuada en casi todas las circunstancias.

Se debe trasplantar por la tarde con las plantas a la sombra para que tengan toda la noche para recuperarse. Después de trasplantar, hay que regar bien las macetas para que la tierra se asiente, pero no se debe aplastar demasiado con las manos, porque si la tierra está muy apretada, las raíces no crecen con facilidad.

Para evitar que la planta se haga muy alta, se puede podar la punta cuando tiene al menos cinco pares de hojas y antes de que empiece a florecer. Al podar la punta, el tallo se bifurca y cambia la forma de crecimiento de la planta, pasando de parecer un abeto a configurarse en un arbusto más ancho y redondeado, pero de menor altura.

Las variedades índicas son más pequeñas y resulta más sencillo controlar su tamaño en una terraza. Las sativas, además de crecer más, tienden a estirarse mucho durante la floración, llegando a doblar o incluso triplicar su tamaño. Las índicas, por el contrario, no suelen crecer tanto, generalmente aumentan su tamaño en un 50 por ciento durante la floración.

La marihuana cultivada en tiestos necesita abono muy frecuentemente para lograr una cosecha importante. Hay que tener en cuenta que las raíces tienen poco espacio en el que buscar nutrientes y en la tierra suelen quedar muy pocos nutrientes después de varios meses de crecimiento. Para que los cogollos engorden y acaben formando grandes colas densas y resinadas, hay que cuidar mucho la nutrición.

A fin de lograr un buen crecimiento, si la planta tiene sol abundante y crece en una maceta grande, se debe abonar al menos una vez por semana, aunque generalmente da mejor resultado abonar dos o tres veces por semana. Para evitar que se acumulen las sales en la tierra, conviene lavar cada una o dos semanas las macetas regándolas con una gran cantidad de agua sin abono, que escurrirá por los agujeros de drenaje arrastrando las sales acumuladas. Aunque las plantas estén creciendo en tierra abonada, se debe aplicar un abono líquido periódicamente, ya que las macetas no tienen suficientes nutrientes para todo el proceso de crecimiento de la planta y si las plantas no crecen ahora la cosecha será pobre.

Uno de los errores más frecuentes de los cultivadores en

Cada dos o tres semanas conviene lavar la tierra de las macetas regando éstas con agua abundante para arrastrar los restos de fertilizantes y las sales acumuladas.

macetas es pensar que, si plantan antes, sacarán mayor cosecha. Bien al contrario, la planta sembrada demasiado pronto pasa meses creciendo antes de empezar a florecer, con lo que se hace tan grande que la maceta no le permite florecer correctamente.

Sembrar tarde reduce el tiempo de crecimiento de las plantas. Éstas no se hacen tan grandes y empiezan a florecer más o menos a la vez que aquellas sembradas antes. El momento de la cosecha también suele ser a la vez. La razón de ello es que, como la floración viene determinada por el número de horas de oscuridad, una vez que se alcanza esta duración de las noches, todas las plantas florecen, sin importar cuál haya sido el momento de la siembra.

Con el calor de agosto, las macetas se resecan enseguida. Como mínimo, será necesario regar las plantas una vez al día, pero si las macetas son relativamente pequeñas para el tamaño de las plantas, es posible que necesiten dos riegos, uno por la mañana y otro por la noche. Hay que recordar que cuando la tierra se seca, las plantas comienzan a marchitarse casi enseguida, y dejan de crecer. El tiempo que permanece la tierra seca es tiempo perdido y significa una menor cosecha.

Los días de calor tórrido las macetas se calientan demasiado y las raíces prácticamente se cuecen en su interior. Hay que hacer lo posible para refrescar las macetas. Se pueden sombrear poniendo unas hojas de periódico sobre ellas o enfriar el suelo conservándolo húmedo. Aunque parezca poca cosa, mantener fresca la temperatura de las raíces puede marcar la diferencia entre una cosecha normal o una excelente cosecha.

Cuando la tierra se reseca y se contrae, queda un espacio de aire entre la tierra y la pared de la maceta. Las raíces que viven entre la tierra y la maceta quedan expuestas al aire y las altas temperaturas, lo que suele matarlas. Al morirse las raíces, el crecimiento y desarrollo de la planta se ven perjudicados. Para evitar que esto suceda, hay que mantener la tierra húmeda y fresca. Siempre que veamos un hueco entre la maceta y la tierra, debemos taparlo con tierra.

CULTIVO DE GUERRILLA

Con este nombre revolucionario se denominan los cultivos que se hacen en terrenos que no son propiedad del cultivador. Hay quien cultiva en montes de propiedad pública y quien lo hace en fincas privadas a las que resulta fácil acceder. La necesidad obliga a espabilarse.

Acondicionar el terreno

La preparación de la cosecha comienza mucho antes de plantar las semillas. Una vez seleccionado el lugar donde estará el huer-

Figura 8. Cultivo de guerrilla floreciendo.

to, hay que acondicionar la tierra. La calidad de ésta es determinante si se quiere cultivar una marihuana de calidad.

El terreno donde crecerán las plantas necesita preparación. Hay que hacer un agujero grande y llenarlo de tierra buena, preabonada, rica en materia orgánica y, si los riegos van a ser escasos, se puede poner un plástico en el fondo del agujero para que ayude a conservar la humedad. La tierra fértil con buena proporción de materia orgánica aguanta mucha mayor cantidad de agua que la tierra arenosa. La tierra arcillosa también absorbe mucha agua, pero su dureza dificulta que crezcan bien las raíces.

Para llenar los agujeros se utiliza la tierra más fértil que haya disponible. Si es posible, se usa sustrato preabonado del que venden en sacos, pero normalmente supone un gran esfuerzo acarrear tanta tierra y también se obtienen buenos resultados mezclando un 50 por ciento de la tierra que se ha sacado del agujero con otro 50 por ciento de sustrato preabonado. Si no se puede traer tierra nueva, siempre se puede mejorar la tierra que hay añadiendo perlita, vermiculita, turba, lombricompost, estiércol o abonos granulados. Si la tierra está bien abonada, no será necesario añadir nada más hasta la floración. Cuando los agujeros están llenos, se deben cubrir y disimular con hojas secas para que nadie los vea, aunque el cultivo esté en un lugar bien escondido.

Crecimiento y floración

Los cultivadores de guerrilla germinan las semillas en macetas y las trasplantan cuando ya han crecido un par de palmos. Algunos cultivadores esperan hasta sexar las plantas para llevarlas al campo y así evitan trasplantar machos. Sin embargo, esta técnica tiene el inconveniente de que hay que transportar plantas mucho más grandes. Los que trasplantan las matas antes de que muestren su sexo deberán visitar a menudo el cultivo para eliminar los machos antes de que polinicen a las hembras.

En floración es cuando realmente es fundamental fertilizar las plantas. Durante las primeras semanas de floración, las raíces comienzan a absorber fósforo y potasio mientras siguen creciendo y se preparan para poder florecer abundantemente y las plantas crecen más. Hay que tener cuidado con los abonos de floración porque es fácil quemar las plantas si se aplican en exceso.

El riego

Lo más importante del cultivo de guerrilla en la mayoría de la península y en las islas es garantizar el riego necesario. Salvo algunas zonas más lluviosas del norte, en el resto de las regiones hay que regar periódicamente durante todo el verano. No es fácil dar indicaciones precisas, puesto que cada cultivo de guerrilla es diferente, pero hay que contar con que cada planta necesitará entre cinco y cincuenta litros de agua cada semana, dependiendo del clima y el tamaño de la planta. Con las altas temperaturas del verano y las pocas lluvias, hay que regar como mínimo una vez por semana, pero regando dos veces por semana las plantas se mantendrán mucho mejor y la cosecha aumentará. Para solucionar este problema, los cultivadores han aguzado el ingenio y desarrollado diversos sistemas.

Si no es posible llevar grandes cantidades de agua para riego, más vale acostumbrar a las marías a tener poca agua desde el primer momento, regándolas muy poco durante la

La clave del éxito en un cultivo de guerrilla es asegurar el riego de las plantas durante los meses más cálidos del verano.

79

primavera y no abusando del abono de crecimiento. Las plantas pequeñas que crecen con poco nitrógeno suelen soportar mejor la sequía y, aunque dan menos producción, la dan a pesar de que se las riegue poco. Si el agua no es problema, se pueden tratar como si estuvieran en un huerto, dándoles nutrientes y agua en abundancia. Para reducir la evaporación de agua del suelo, conviene cubrir la tierra con algún tipo de acolchado (paja, hierba seca, turba o incluso periódico). Un acolchado de diez a veinte centímetros de espesor extendido alrededor del tronco de la planta sombreará la tierra, bajando su temperatura y reduciendo de forma considerable la cantidad de riego necesaria. Salvo en aquellas zonas de la península donde llueve bastante en verano, en el resto del país el éxito del cultivo de guerrilla depende de saber gestionar el agua para que las plantas tengan la necesaria en todo momento.

4

Cultivo de interior

El cultivo de cannabis en interior con luz artificial es un invento relativamente moderno, apenas hace treinta o cuarenta años que algunos cultivadores empezaron a experimentarlo. En este tiempo se ha convertido en una ciencia bastante exacta y, hoy en día, es posible cosechar cogollos de una calidad excepcional apenas tres meses después de germinar las semillas y lograr rendimientos de hasta un gramo de cogollos secos cada dos meses por cada vatio de luz empleado. Hay muchas maneras diferentes de organizar un cultivo de interior, de modo que se puede escoger el más adecuado para cada situación.

LUZ

La luz es la clave del cultivo de cannabis en interior. Todos los demás factores pierden importancia si la iluminación no es correcta. En la naturaleza, las plantas viven gracias a la luz solar, rica en todo el espectro lumínico, desde el infrarrojo hasta el ultravioleta, que llega continuamente hasta la Tierra en grandes cantidades; sin embargo, en interior se requiere una lámpara que imite de manera adecuada al sol, y eso no es fácil. La mayoría de las lámparas emiten luz que no abarca todo el espectro y, por tanto, resultan más útiles para unos usos que para otros.

Fotosíntesis

Éste es un proceso muy complejo que permite a las plantas utilizar la energía solar, agua y dióxido de carbono para producir glucosa y oxígeno. La fotosíntesis es el gran milagro de las plantas y responsable, en gran medida, de la vida en la Tierra. Partiendo de agua, aire y sol, las plantas crean materia viva. Las plantas «comen» o absorben fotones que convierten en energía química. Esta energía química la utilizan para crear alimento a partir de materia inorgánica y crecer. Curiosamente, las plantas sólo aprovechan un 1 por ciento de la energía solar que reciben. La razón es que por lo general el factor limitante de su crecimiento suele ser la escasez de nutrientes y no ha sido necesario que las plantas evolucionen hacia un mayor aprovechamiento de la energía solar.

Dado que la fotosíntesis consiste en la conversión de energía luminosa en carbohidratos, podría parecer que las plantas sólo están activas cuando luce el sol; sin embargo, esto no es así. Las plantas realizan muchas funciones durante la noche.

El cultivador de interior tendrá éxito si consigue reproducir las condiciones óptimas para el desarrollo del cannabis dentro de una habitación.

La fotosíntesis tiene dos partes. Durante la fase luminosa, por medio de la clorofila de las partes verdes de la planta, se transforma la energía del sol en energía química, en forma de ATP y NADPH. En la fase oscura se utiliza el ATP y el NADPH para convertir el dióxido de carbono y el agua en moléculas orgánicas, principalmente glucosa. A partir de la glucosa se fabrican carbohidratos esenciales para la planta como la celulosa o el almidón. Durante el día absorben dióxi-

Figura 9. Cada cama de dos metros cuadrados se ilumina con dos
lámparas de alta presión de sodio de seiscientos vatios.

do de carbono del aire y lo utilizan para realizar la fotosíntesis;
como resultado obtienen oxígeno, que liberan a la atmósfera.

Además del proceso de la fotosíntesis, las plantas respiran,
como todos los seres vivos. Para respirar, algo que hacen de día
y de noche, absorben oxígeno y expulsan dióxido de carbono.
El oxígeno lo necesitan para el crecimiento de las raíces y para
la absorción de nutrientes. Durante la noche, la planta almacena
y utiliza la energía que absorbió durante el día.

¿Cuánta luz necesitan las plantas?

En un día soleado de verano, la superficie de la Tierra recibe
cien mil lux. En general, el cannabis necesita entre veinticinco
mil y treinta mil lux para crecer y hasta cincuenta mil para florecer correctamente. Según la lámpara que utilicemos, habrá
que colgarla a una distancia determinada de las plantas para
lograr estos niveles de iluminación.

Distancia de la luz a las plantas

La regla más importante que hay que tener en cuenta en la iluminación del cultivo de interior es la ley del cuadrado de la distancia, que dice: la intensidad de la luz es inversamente proporcional al cuadrado de la distancia desde el punto de emisión. Conforme se aleja la lámpara de las plantas, la intensidad de la luz se reduce enormemente, al doble de distancia llega la cuarta parte de luz. Las lámparas deben estar situadas tan cerca de las plantas como sea posible sin llegar a quemarlas.

Hay que tener en cuenta que no toda la planta se encuentra a la misma distancia de la lámpara. Las puntas de los cogollos suelen estar a cuarenta-sesenta centímetros de la bombilla, pero las ramas más bajas pueden estar a ciento cincuenta centímetros. Aunque las puntas estén recibiendo doscientos mil lúmenes, las ramas bajas tal vez no lleguen a diez mil por la distancia y la sombra que hacen las hojas más altas. Por este motivo, al calcular la distancia ideal no sólo hay que tener en cuenta la distancia a las puntas de las ramas, sino que es preciso asegurarse de que la base recibe al menos el mínimo necesario para sobrevivir. Con una lámpara de alta presión de sodio (HPS) cuatrocientos vatios, la base de la planta no debería estar a más de un metro y medio de la bombilla.

La potencia de la lámpara marca la distancia que debe haber entre ésta y las plantas. Las lámparas de cuatrocientos vatios se suelen colocar por encima de las puntas de las plantas a una distancia de entre treinta y sesenta centímetros, y las de seiscientos vatios, entre cincuenta y noventa centímetros aproximadamente. Los fluorescentes y las lámparas de diodos emisores de luz (LED), como prácticamente no desprenden calor, se pueden situar a tan sólo unos pocos centímetros por encima de las plantas.

Es la distancia entre la lámpara y las plantas lo que determina la intensidad de la luz que reciben. En este sentido, es lo mismo cultivar con una lámpara HPS de cuatrocientos vatios a cincuenta centímetros que con un fluorescente a diez centímetros, al menos en cuanto a la cantidad de lux que llega a la planta. La diferencia fundamental estriba en que con una lámpara HPS se pueden iluminar plantas más grandes porque la capacidad de penetración de la luz de sodio es mayor que la de los fluorescentes.

Cuando se usan adecuadamente y se mantienen muy cerca de las plantas, los fluorescentes constituyen una iluminación muy buena y tienen un espectro más azul y, por tanto, más adecuado para el crecimiento. Las lámparas HPS, por el contrario, tienen un espectro muy rojo, el cual, aunque es muy bueno para la floración, hace que las plantas se alarguen en exceso durante el crecimiento.

A la hora de escoger la iluminación para un cultivo no sólo es importante la potencia de la lámpara, sino encontrar el equilibrio adecuado entre la intensidad de la luz, su espectro, la distancia de la bombilla a las plantas y el tamaño de éstas para que toda la planta reciba no menos de veinticinco mil lux a ser posible. Actualmente, las lámparas de alta presión de sodio y las de halogenuros metalizados (MH) siguen siendo la mejor opción desde el punto de vista del rendimiento y la producción eficaz de luz. Sin embargo, los fluorescentes, tradicionalmente desaconsejados para la floración del cannabis por su poca potencia, pueden revolucionar el cultivo de interior gracias a los nuevos modelos compactos de

La intensidad de la luz desciende mucho con la distancia, por eso hay que situar las lámparas tan cerca de las plantas como sea posible sin quemarlas.

más de cien vatios, ya que no producen tanto calor como las lámparas de alta presión y pueden situarse mucho más cerca de las plantas. Para los cultivadores a pequeña escala, pueden ser una buena solución para cultivar tres o cuatro plantas.

El fotoperíodo en interior

El cannabis se cultiva en interior bajo dos fotoperíodos distintos. Al principio de su vida, cuando germina y crece, necesita días largos y noches cortas, mientras que para florecer y formar los cogollos los días deben ser más cortos y las noches más largas.

El fotoperíodo debe ser exacto, encendiendo y apagando la luz todos los días a la misma hora. Para evitar olvidos o retrasos, conviene conectar la lámpara a un programador que se ocupe de su encendido y apagado.

Fotoperíodos de crecimiento
El fotoperíodo 18/6 (dieciocho horas de luz y seis de oscuridad) es el que se usa más habitualmente para crecimiento entre los cultivadores de cannabis en interior. Con este régimen de luz, todas las variedades de cannabis (salvo las autoflorecientes) se mantendrán en crecimiento y no empezarán a florecer. El fotoperíodo 18/6 es bastante bueno, puesto que deja a las plantas seis horas diarias para descansar y utilizar los nutrientes fabricados mediante la fotosíntesis. Sin embargo, algunos cultivadores consideran que se puede obtener un mayor crecimiento aumentando el número de horas de luz. Por eso, cada vez es más frecuente oír hablar de los fotoperíodos 24/0, 22/2 y 20/4. Cada fotoperíodo tiene sus ventajas y sus inconvenientes.

Dado que en interior es el cultivador quien decide cuánta luz reciben las plantas, a alguien se le ocurrió que tal vez no necesitaran la noche para vivir y probó con la iluminación continua. El fotoperíodo 24/0 (luz continua, sin noche) incrementa, respecto al fotoperíodo 18/6, en un 33 por ciento la cantidad de luz recibida por las plantas. Esto suele conllevar un crecimiento ligeramente más rápido de las plantas, pero no está del todo claro si mejora o no la producción. Puede ser útil cuando las plantas tienen muy poco tiempo para crecer antes de la floración, ya que consigue un mayor tamaño en menor tiempo, pero en la mayoría de los casos es mejor darle un cierto período de descanso cada día para que la estructura de la planta se fortalezca y aumente su capacidad de producir flores. En general, las plantas que viven bajo iluminación continua son algo más débiles que aquellas que tienen un descanso periódico.

Fotoperíodos de floración

El fotoperíodo más utilizado para la floración es, sin duda, el 12/12. Todas las variedades de cannabis empiezan a florecer bajo este fotoperíodo. Algunas variedades índicas no necesitan noches tan largas y podrían florecer con diez u once horas de oscuridad (14/10 y 13/11), pero raramente se usan estos fotoperíodos.

Los fotoperíodos 11/13 y 10/14 (noches de trece y catorce horas, respectivamente) se usan a veces para acelerar la maduración de variedades sativas muy lentas que nunca se acaban, o bien cuando el cultivador necesita cortar la plantación antes de lo previsto. Las largas noches de estos fotoperíodos fuerzan al cannabis a madurar de forma acelerada a costa de reducir la producción.

Es muy importante que duran-

Los fotoperíodos más comunes para el crecimiento y la floración son 18/6 y 12/12, respectivamente.

te la floración las plantas no reciban nada de luz por la noche. La oscuridad debe ser total y continua, ya que diez minutos de luz a media noche pueden ser suficientes para detener la floración. Conviene entrar en el cultivo cuando las lámparas estén apagadas y, desde dentro, comprobar que la luz no se filtra por ninguna rendija.

LÁMPARAS DE CULTIVO

Aunque en la naturaleza las plantas reciben la energía lumínica del sol, cualquier fuente de luz del espectro adecuado activa la fotosíntesis. La luz es el elemento más importante de un cultivo de interior. Para cultivar plantas sanas en interior, hay que suministrarles la luz necesaria para que la fotosíntesis se produzca. Tanto la cantidad como la calidad de la luz son factores que hay que tener en cuenta. No todas las luces son iguales. Las bombillas incandescentes normales aprovechan muy poco la energía y producen poca luz para la electricidad que consumen. Además, emiten una luz muy diferente de la del sol. La calidad de la luz viene dada por el espectro lumínico que emite, es decir los colores de los que se compone la luz. Los focos más adecuados para usar con plantas, según su espectro, son las luces HPS, las MH y los fluorescentes. El espectro de las HPS tiende al blanco anaranjado, mientras que las MH son de un blanco más azulado.

La cantidad de luz emitida por una fuente se mide en lúmenes y la cantidad que llega a una superficie en lux, que son lúmenes por metro cuadrado. El cannabis necesita entre 10.000 y 50.000 lux para crecer bien. En general, más vale pasarse de luz que quedarse corto, pues en este último caso las plantas serían raquíticas y no producirían nada que mereciera la pena.

Tabla 1: Características de las lámparas de cultivo

Lámpara	Lúmenes	Lúmenes/vatio	Área que cubre
HPS 250 W	27.000	110	$0,5\text{-}1$ m^2
HPS 400 W	50.000	125	$1\text{-}1,5$ m^2
HPS 600 W	90.000	150	$1\text{-}2$ m^2
MH 250 W	23.000	92	$0,5\text{-}1$ m^2
MH 400 W	40.000	100	$1\text{-}1,5$ m^2
CFL 125	9.500	76	$0,25\text{-}0,5$ m^2
CFL 150	12.000	80	$0,25\text{-}0,5$ m^2
CFL 200	15.000	75	$0,25\text{-}0,75$ m^2
CFL 250	18.000	72	$0,5\text{-}1$ m^2

Alta presión de sodio (HPS o APS)

Las lámparas HPS emiten una luz un poco rosada o anaranjada. Además de en el cultivo, se utilizan para iluminar aparcamientos y otros lugares donde la luz no necesita ser muy blanca. Estas luces son las más eficientes que hay. Es decir, son las que más luz producen por cada vatio de electricidad consumido. Una lámpara HPS de 400 vatios emite 50.000 lúmenes, es decir, 125 lúmenes por cada vatio de luz consumido; una de 600 vatios emite 90.0000 lúmenes, 150 por vatio. Una de 250 vatios emite 27.000 lúmenes, 110 por vatio.

La luz anaranjada que producen se asemeja a la luz otoñal, por lo que son ideales para la floración del cannabis. Si no se utiliza una luz para floración y otra para crecimiento, con una lámpara de sodio se puede hacer todo el proceso perfectamente.

Las luces de alta presión (HPS y MH) se suelen colgar con cadenas para ir subiéndolas mientras van creciendo las plantas. Como estas lámparas dan mucho calor, hay que tener cuidado de que no se quemen las puntas de las plantas, que no deben acercarse a menos de entre treinta y cincuenta centímetros de la bombilla, aunque si las plantas están bien ventiladas, aceptarán que la luz esté algo más cerca.

Halogenuros metálicos (MH o HM)

Las luces MH emiten una luz blanca un poco azulada. Se utilizan habitualmente para iluminar estadios, gimnasios, etc. Estos focos son perfectos para el crecimiento de las plantas porque el tono ligeramente azulado que emiten se parece a la luz de la primavera. Aprovechan bien la energía, aunque algo peor que las HPS. Una MH de 400 vatios da 40.000 lúmenes, 100 por vatio, y una de 250 vatios, 23.000 lúmenes, 92 por vatio. Aunque no son lámparas tan eficientes como las de sodio, aprovechan más la energía que los fluorescentes. Tener una lámpara eficiente es muy importante porque nos ayudará a sacarle el máximo provecho a la factura de la luz.

Fluorescentes

Durante años, cuando aún no existían las lámparas HPS ni las MH, los pocos atrevidos que cultivaban en interior lo hacían con fluorescentes. Y algunos lo siguen haciendo. Aunque el aprovechamiento de la energía no es perfecto, los fluorescentes tienen la gran ventaja de producir mucho menos calor que las lámparas HPS o MH. Un pequeño inconveniente es que hay que poner las plantas muy cerca de los fluorescentes (lo ideal es menos de cinco centímetros) para que aprovechen bien la luz. Cuando las plantas están creciendo, se han de subir los fluorescentes casi cada día para evitar que se quemen los brotes más altos.

Los fluorescentes son especialmente adecuados para enraizar esquejes, que no necesitan mucha luz, pero sí mucha humedad y una temperatura moderada. Esto hace de los fluorescentes una elección idónea frente a las lámparas HPS y MH, que, aunque emiten mucha más luz, dan demasiado calor.

Las lámparas HPS son las más comunes en el cultivo de interior, especialmente las de 400 y 600 vatios, adecuadas para iluminar un metro cuadrado.

El rendimiento de los fluorescentes se sitúa entre treinta y noventa lúmenes por vatio. Los mejores son los gro-lux, que son especiales para plantas, aunque tienen el inconveniente de ser mucho más caros. Los fluorescentes normales también sirven, sobre todo los del color 33, que es el que más se acerca al espectro del sol. Si se cultiva con fluorescentes, hay que poner, al menos, unos 200 vatios por metro cuadrado para obtener un buen crecimiento. Los más comunes son los de 60 centímetros y 18 vatios y los de 120 centímetros y 36-40 vatios. Existen también de 90 centímetros y 30 vatios, pero son mucho más caros. Una buena opción son los redondos de varias medidas que se pueden montar unos dentro de otros.

En los últimos años han aparecido fluorescentes compactos (CFL) de bajo consumo y muchos vatios que resultan mucho más adecuados para el cultivo. Los hay de 125, 150, 200 y 250 vatios.

Los CFL son muy útiles para salas de crecimiento, madres y esquejes, aunque las plantas también pueden florecer con ellos. Muchos armarios de cultivo de pequeño tamaño se iluminan con CFL. Algunas marcas los fabrican en dos espectros diferentes: uno azulado para el crecimiento y otro rojizo para la floración.

Diodos emisores de luz (LED)

Un LED (siglas en ingles de *light emiting diode*) es un elemento semiconductor (diodo) que emite luz cuando es atravesado por una corriente eléctrica. Los LED proporcionan una luz casi monocromática, es decir, con un espectro muy pequeño, o lo que es lo mismo prácticamente toda la luz se emite en la misma longitud de onda (el mismo color). El color de la luz depende del material semiconductor que haya sido utilizado en la fabricación del LED.

Los LED más comunes trabajan con corrientes muy pequeñas del orden de los 50 milivatios, es decir 0,05 vatios. En los últimos años han aparecido LED mucho más potentes, de 1, 3 y 5 vatios que emiten mucha más luz. Gracias a estos LED de alta intensidad, empieza a ser práctico usarlos en los cultivos.

Ventajas de los LED

Los LED emiten luz en una frecuencia concreta que la planta puede absorber. En teoría, dado que toda la luz que desprenden los LED es útil para la planta, basta con usar la cuarta parte de vatios para lograr que la misma cantidad de luz útil llegue a ella. Se puede reducir la factura de la luz entre un 70 y un 80 por ciento.

Las lámparas LED apenas emiten calor, ya que toda la energía se libera en forma de luz. Gracias a esta característica, se pueden acercar mucho a las plantas, lo que incrementa la cantidad de luz que llega hasta las hojas. Como no irradian calor, los cuartos de cultivo mantienen mucho mejor una temperatura estable y no hacen falta extractores potentes ni aparatos de aire acondicionado. Un pequeño extractor para renovar el aire y evitar que las plantas se queden sin dióxido de carbono es todo lo que hace falta. De hecho, si se añade dióxido de carbono artificialmente, ni siquiera sería necesario un extractor.

La teoría de los LED es impresionante, pero la práctica no siempre resulta igual. Hoy por hoy, todavía no se han logrado grandes resultados cultivando con LED, aunque las lámparas van mejorando. En general, da la sensación de que las plantas bajo LED, no crecen igual de rápido que con otras lámparas.

SISTEMAS DE CULTIVO

Cultivo con tierra y sustratos

Es el sistema más clásico y el que más se parece al cultivo de exterior. Las plantas crecen en macetas llenas de un sustrato compuesto por tierra y materiales orgánicos, como turba, mantillo o fibra de coco. Generalmente, el sustrato se complementa con nutrientes como el humus de lombriz o el guano de murciélago y acondicionadores como la perlita y la vermiculita.

Hay sustratos más pesados que aguantan más humedad y otros más ligeros que brindan una mejor oxigenación a las raíces a costa de necesitar riegos más frecuentes.

El cultivo con tierra es el mejor punto de partida para el aprendiz de cultivador de interior.

93

El cultivo de interior con tierra es el más habitual porque el sustrato amortigua las acciones del cultivador protegiendo la planta y sus raíces de los errores que cometa. Es un sistema fácil, adecuado para novatos y con el que se pueden lograr resultados muy satisfactorios. Asimismo, es el sistema que se suele usar para cultivar cannabis ecológico sin abonos químicos. Cuando se cultiva en interior, hay que emplear siempre tierra nueva, recién sacada del saco, para reducir al máximo el riesgo de introducir plagas en el jardín.

Un buen sistema que se está extendiendo últimamente es el cultivo en planchas de fibra de coco. Las plantas tienen forma alargada y se colocan sobre una bandeja especial. Los esquejes se trasplantan directamente a la plancha tras hacer un pequeño corte en el plástico que la cubre. Las raíces crecen dentro de la plancha y cuando se cosecha la planta, se tira el sustrato muy cómodamente. Como la fibra de coco es reutilizable y buen acondicionador del terreno, se puede incorporar a la tierra del jardín o usarla en las macetas de la terraza.

Hidroponía

La hidroponía es un sistema de cultivo sin tierra. En los cultivos hidropónicos las plantas se siembran en un sustrato inerte como la arena, la arcilla expandida o la lana de roca. Es decir, el sustrato en el que crecen las raíces no tiene alimentos. Todos los nutrientes que las plantas necesitan se suministran a través del agua de riego, convenientemente fertilizada. Las plantas en sistemas hidropónicos se riegan de forma continua con un sistema gota a gota o, al menos, varias veces al día.

Es posible hacer un cultivo hidropónico muy sencillo. Basta con plantar las semillas en una maceta llena de arena, lava volcánica, arlita (arcilla expandida), perlita, vermiculita o una mezcla de varios de estos materiales y regarla con agua abonada.

Los sustratos para hidroponía no contienen nutrientes, así que es necesario fertilizar las plantas en cada riego. Hoy en día, existen multitud de equipos de cultivo hidropónico a la venta. La mayoría funcionan muy bien y dan buenos rendimientos siempre que no se cometan errores graves.

La hidroponía es una técnica avanzada, y aunque no es difícil, requiere una cierta experiencia previa en el cultivo de cannabis. Probablemente no es la técnica más adecuada para un cultivador novato, pero aun así muchos cultivadores se han iniciado con ella. Son muchos los factores que hay que tener en cuenta y un fallo se paga más caro que cultivando en tierra. La tierra protege las raíces y amortigua nuestros fallos. Con la hidroponía las raíces están más desprotegidas y resulta necesario un mayor control de todas las variables del cultivo.

Figura 10. Hidroponía con arlita como sustrato.

La clave de la hidroponía está en el riego. Los sustratos están formados por partículas bastante grandes que dejan huecos entre ellas por donde pasa el aire. Cuanto más aire y oxígeno llega a las raíces, mayor es el crecimiento y mayor la necesidad de alimentos. Es vital que a las plantas no les falte de nada, por eso hay que regarlas siempre con una solución nutritiva. Cuantas más veces se rieguen, más crecerán, siempre que el drenaje y la aireación de las raíces sean los correctos. La humedad debe mantenerse entre el 40 y el 60 por ciento y la temperatura ha de ser de unos 22-28 °C. La temperatura de la solución nutritiva no debe subir mucho, lo ideal es que esté a 16 °C.

La mayoría de los sistemas de hidroponía a la venta constan de un depósito para la solución nutritiva, unas macetas donde se colocan el sustrato y las plantas y una bomba de agua que lleva la solución desde el depósito hasta las plantas. El agua que drena de las macetas vuelve al depósito y cierra así el circuito.

Después de lavar bien el sistema antes de usarlo por primera vez, se rellena el depósito con solución nutritiva. Es importante usar agua sin muchas sales y dejarla reposar durante 24 horas para que se evapore el cloro. Añadir el fertilizante al agua en las proporciones indicadas por el fabricante y corregir el pH. Es recomendable usar abonos especialmente diseñados para cultivos hidropónicos, ya que mantienen el pH mucho más estable.

Los sistemas hidropónicos son muy productivos pero requieren más conocimientos y cuidados por parte del cultivador.

Cada semana, se vacía el depósito y se rellena con una nueva solución nutritiva. Durante la semana hay que ir rellenando el depósito para compensar el agua que se evapora y la que consumen las plantas.

Un sistema hidropónico de alto rendimiento es el cultivo en planchas de lana de roca. El sistema es similar al cultivo en planchas de fibra de coco, pero con la diferencia de ser mucho menos ecológico porque la lana de roca hay que fabricarla, mientras que la fibra de coco se obtiene de un producto de desecho de la industria cocotera, y además en países en vías de desarrollo.

pH y EC en hidroponía

El pH y la electroconductividad (EC) de la solución nutritiva que reciben las plantas que crecen en un sistema hidropónico deben estar en unos valores muy ajustados para que las raíces puedan absorber correctamente los nutrientes. Hay que tener en cuenta que, al contrario de lo que pasa cuando se cultiva en tierra, las raíces de las plantas de hidroponía están muy desprotegidas y pueden sufrir rápidamente si el abono tiene un pH inadecuado o la cantidad de nutrientes es excesiva. El mayor riesgo de cultivar en hidroponía es que resulta un sistema que no perdona los errores. Las plantas acusan cualquier problema con gran rapidez. Afortunadamente, una vez que se subsana el error, se recuperan también a gran velocidad.

La marihuana hidropónica crece mejor con un pH más bajo que el recomendable en el cultivo en tierra. Si con tierra el pH ideal se sitúa entre 5,8 y 6,8, cuando se cultiva en hidroponía el pH óptimo está entre 5,5 y 6,5.

El pH del agua se mide antes de añadirle abonos, se ajusta utilizando ácidos o bases, que lo bajan y lo suben respectivamente, y luego se le añaden los abonos. Después se comprueba de nuevo el pH y se vuelve a ajustar si es necesario. La solución nutriente está lista para regar las plantas.

En cultivos hidropónicos con un depósito para el agua con abono, hay que tener en cuenta que el pH de la solución nutritiva varía a lo largo de los días conforme las plantas consumen parte de los nutrientes. Es aconsejable medir el pH y la electroconductividad de la solución nutritiva cada uno o dos días para comprobar que siguen dentro de lo correcto y corregirlos si no es así.

Para medir la EC, es necesario un aparato especial, el medidor de sales disueltas, que se puede comprar en una tienda especializada en cultivo. Al igual que con los medidores digitales de pH, los de EC se deben calibrar antes de empezar a usarlos. Para ello, se introducen en un líquido con un valor de pH o EC ya conocido y se ajustan hasta que miden el valor exacto.

Las plantas de cannabis admiten concentraciones máximas de abono en floración de entre EC 1,8 y EC 3,6 o, lo que es lo mismo, entre 900 y 1.600 ppm (partes por millón). La mayoría de las variedades van bien entre EC 2 y EC 2,6 (entre 1.000 y 1.300 ppm). Cuando las plantas son jóvenes, se usan concentraciones menores, entre EC 0,5 y 2. Los esquejes recién enraizados y las plántulas que acaban de germinar deben abonarse con concentraciones de nutrientes muy suaves, entre EC 0,5 y 1.

Cultivo orgánico o biológico

El cultivo orgánico o biológico se basa en la utilización de productos naturales para abonar las plantas y defenderlas de plagas y hongos. La idea es reproducir, en la medida de lo posible, las condiciones naturales en que crece el cannabis sin tener que ayudarse de productos que perjudican el medio ambiente y, tal vez, la propia salud del cultivador.

La marihuana de interior puede cultivarse de forma orgánica, rechazando la utilización de abonos e insecticidas químicos, de manera que el producto final sea lo más sano posible.

El cultivo biológico se ha ido popularizando y, hoy en día, resulta fácil encontrar numerosas marcas de fertilizantes, insecticidas y fungicidas sin productos químicos de síntesis diseñados específicamente para el cultivo de cannabis. En general, los abonos orgánicos o biológicos líquidos se fabrican a partir de materia orgánica que se descompone por medio de enzimas y otros métodos hasta lograr una sopa de sustancias nutritivas que, diluida en agua, se aplica, exactamente igual que los abonos químicos, en el riego de las plantas. Además de nutrientes, suelen contener enzimas, aminoácidos, fitohormonas y otros productos que revitalizan las plantas y la vida del suelo. Casi siempre la marihuana orgánica se siembra en sustratos formados por materia orgánica (tierra, turba y fibra de coco, principalmente) pero, desde que existen abonos orgánicos aptos para el uso en hidroponía, se puede cultivar marihuana orgánica en todo tipo de sistemas.

Los preparados vegetales como purines, decocciones y maceraciones de plantas son muy útiles en el cultivo orgánico. Son fáciles de preparar, muy efectivos y completamente naturales e inocuos para el medio ambiente. Entre los más efectivos, destacan el purín de ortigas, la decocción de cola de caballo, la infusión de manzanilla o la maceración de ajos o tabaco.

Los insecticidas y fungicidas adecuados para el cultivo biológico suelen derivar de plantas que tienen estas propiedades de forma natural, como el árbol de Neem, la cola de caballo, el pelitre o el tabaco. En los últimos tiempos, cada vez es más común el uso de depredadores naturales, insectos y microorganis-

Los cogollos cultivados con abonos biológicos suelen tener mejor sabor que aquellos alimentados con fertilizantes químicos.

mos que atacan a las especies dañinas para controlar las plagas en el cultivo de interior.

RIEGO EN INTERIOR

Las plantas cultivadas en interior suelen desarrollarse a gran velocidad y vivir en un entorno que les exige mucho. Hay mucha luz, pero al mismo tiempo hay mucha competencia por el espacio. Viven en pequeñas macetas, por lo que tienen que absorber gran cantidad de nutrientes con un sistema de raíces relativamente pequeño. En estas condiciones, el riego debe ser adecuado siempre para que las plantas no sufran. Con calor y macetas pequeñas, a veces retrasar el riego unas horas puede estresar mucho a las plantas. Siempre que sea posible, conviene instalar un sistema de riego automático para los cultivos de interior. Generalmente, se utiliza el sistema gota a gota y se ponen al menos dos goteros por planta, por si acaso uno se obtura. Hay que revisar con frecuencia el estado del sistema de riego para asegurarse de que ningún gotero esté obturado ni haya una manguera que pierda agua.

Las plantas de interior se suelen regar al menos una vez al día, sobre todo durante la floración.

La frecuencia de riego en interior depende, al igual que ocurre en el cultivo de exterior, de varios factores, como la temperatura, el tamaño de las plantas y las macetas o la humedad ambiental. En general, suele ser necesario regar las plantas casi todos los días, al menos cuando están en floración y, en según qué sistemas, varias veces al día.

MANEJO DE pH Y EC

En el cultivo de interior es mucho más importante el control del pH y la EC que cuando las plantas crecen en el suelo. Las raíces no pueden extenderse en busca de nutrientes y deben absorber los que les proporciona el cultivador. Si las condiciones no son adecuadas, no podrán nutrirse.

En general, las plantas empiezan recibiendo la solución nutritiva con una EC de alrededor de 1 mS/cm (milisiemen por centímetro), conforme crecen se aumenta la EC hasta llegar a 2 o 3 mS/cm (según variedades) al final de la floración. Durante la última semana de la floración se riegan las plantas con agua sin abono para que se limpien de los restos de nutrientes que puedan quedar en los tejidos. Las plantas muy jóvenes o los esquejes recién enraizados pueden necesitar niveles más bajos de sales al principio, de alrededor de 0,5-0,8 mS/cm.

El pH en interior suele ajustarse algo más bajo que en exterior, normalmente entre 5,5 y 5,8. Los valores más bajos (5,5) se usan por lo general en los cultivos hidropónicos, mientras que los más altos (5,8) se emplean cuando se cultiva con sustratos.

EL AIRE

El cannabis necesita, como todas las plantas, oxígeno y dióxido de carbono del aire. La función del cultivador es suministrarle aire fresco de forma constante para que pueda respirar y realizar bien la fotosíntesis. Otro factor básico relacionado con el aire es la temperatura ambiental, ya que, para desarrollarse correctamente y dar buenas cosechas, las plantas necesitan un ambiente templado de día (entre 20 y 25 °C) y algo más fresco durante la noche (16-20 °C). La humedad relativa del aire tiene gran importancia para el crecimiento de las plantas. Cuando están creciendo, les gusta una humedad de entre el 50 y el 70 por ciento, mientras que en la floración los niveles óptimos son más bajos, entre el 30 y el 50 por ciento, principalmente para evitar la aparición y proliferación de hongos.

Extractores e intractores

El extractor es una de las piezas más importantes del equipo de cultivo. Como su nombre indica, se ocupa de sacar aire de la habitación de cultivo para mantener controlada la temperatura y renovar el aire caliente y pobre en dióxido de carbono por otro fresco y rico en este gas. El extractor se suele complementar con un intractor, que no es más que otro extractor colocado al revés, de modo que introduzca aire fresco dentro del cultivo. Generalmente, el intractor se pone en la parte baja del cultivo y el extractor en la parte alta de la pared opuesta para que saque el aire caliente, que tiende a subir.

La temperatura óptima del jardín de interior es de 20-25 °C durante el día y de 16-20 °C por la noche.

Los extractores se pueden conectar a un termostato, para que se pongan en marcha cuando la temperatura exceda un nivel predeterminado o para que se mantengan funcionando de forma constante. Hay que tener en cuenta que son dos las funciones de la extracción, y ambas muy importantes. Por un lado, controla la temperatura sacando el aire caliente del interior y metiendo aire más fresco de fuera, y por otro, renueva el aire del cultivo para mantener altos los niveles de dióxido de carbono.

El extractor debe tener potencia suficiente como para cambiar todo el aire de la habitación de cultivo en cinco minutos o menos. En las tiendas de cultivo especializadas podemos encontrar muchos modelos, desde el pequeño extractor de cocina hasta grandes extractores de alta potencia. Hay algunos que cuentan con varias bocas de entrada, de modo que se pueden conectar tubos provenientes de dos o tres cámaras de cultivo.

Para calcular qué potencia de extractor se necesita para un jardín concreto, hay que aplicar la siguiente fórmula:

$$\frac{\text{Volumen de la habitación en m}^3}{\text{número de minutos en sacar el aire}} \times 60 = \text{potencia de extracción necesaria en m}^3/\text{hora}$$

Para calcular el volumen de la habitación, la fórmula es la siguiente (todas las medidas en metros):

$$\text{Anchura} \times \text{profundidad} \times \text{altura} = \text{volumen de la habitación en m}^3$$

Ejemplo práctico:

Vamos a calcular la potencia de extracción necesaria para poder cambiar todo el aire de una habitación de cultivo en cinco minutos. La habitación mide dos metros por cuatro y tres de altura.

Primero se calcula el volumen de la habitación ($2 \text{ m} \times 4 \text{ m} \times 3 \text{ m} = 24 \text{ m}^3$) y se aplica el dato en la fórmula anterior:

$$\frac{24 \text{ m}^3}{5 \text{ minutos}} \times 60 = 288 \text{ m}^3/\text{hora}$$

Hace falta un extractor capaz de sacar unos trescientos metros cúbicos de aire por hora. Generalmente, conviene adquirir extractores más potentes de lo necesario e instalarles un regulador de potencia para que normalmente puedan usarse a media potencia y tener algo de potencia de reserva para las épocas de más calor.

Ventiladores

Las plantas consumen rápidamente el dióxido de carbono del aire que tienen alrededor y es necesario mover el aire para que se vaya renovando. En cualquier cultivo de interior, debe haber uno o dos ventiladores oscilantes que creen una ligera brisa alrededor de las plantas. Además de asegurar un suministro constante de dióxido de carbono, el ventilador fortalece los tallos de las plantas y dificulta el desarrollo de plagas y hongos. No es necesario que sople muy fuerte, basta con una ligera brisa constante día y noche.

Filtros antiolor

Un problema clásico de los cultivos de interior de cannabis es el fuerte olor que desprenden las plantas en floración y las sospechas que puede despertar en vecinos y curiosos. Para evitar que el olor del cultivo salga fuera, se han diseñado diversos aparatos que funcionan razonablemente bien.

Los filtros antiolor limpian el olor del aire antes de que salga al exterior. Se conectan al extractor y pueden tener varios filtros de diferentes materiales, aunque el más común es el carbón activo. El tamaño del filtro debe ir en consonancia con la potencia del extractor.

Además del filtro antiolor, el cultivador más concienzudo puede instalar un ozonizador o un ionizador dentro del tubo de extracción o en la entrada de la casa para asegurarse de que ningún olor delata la presencia del jardín.

Los ionizadores son unos aparatos que producen iones

negativos que tienen la capacidad de neutralizar los iones positivos de las moléculas de olor y hacer que caigan al suelo o se peguen a las paredes, con lo que ya no están en el aire.

Los ozonizadores producen ozono (O_3), un gas formado por tres átomos de oxígeno que tiene grandes propiedades oxidantes. Cuando se libera en el aire, elimina los virus, bacterias, esporas y olores del aire, esterilizándolo.

GERMINACIÓN

En cultivo de interior, conviene germinar las semillas dejándolas en agua durante doce horas y después colocándolas entre dos servilletas de papel húmedas. Cuando se comprueba que el cañamón empieza a abrirse, se trasplantan a macetas. De este modo se evita que, si algunas semillas no germinan, queden macetas sin planta. Se siembran a poca profundidad y se riega la tierra abundantemente. Durante los primeros días conviene situar la lámpara un poco alejada de las macetas para no estresar a las pequeñas plántulas. Hay que tener cuidado y no regar en exceso, ya que en esta fase las plántulas son especialmente delicadas y un ataque de hongos puede acabar con ellas. No hay que regarlas hasta que la tierra se haya secado en parte.

Durante las dos primeras semanas las plantas se alimentarán de los nutrientes que haya en la

El exceso de riego es la principal causa de problemas en las plantas recién nacidas; no hay que regar la tierra hasta que la capa superior de tierra (unos dos centímetros) se haya secado.

tierra, si es que el sustrato viene preabonado, pero, a partir de ese momento, habrá que abonar las plantas al menos dos veces por semanas mientras son pequeñas y más a menudo cuando florezcan.

CRECIMIENTO EN INTERIOR

La fase de crecimiento de las plantas de semilla debe ser, al menos, de tres o cuatro semanas para que les dé tiempo a madurar lo suficiente como para hacer una buena floración. Las plantas de esqueje no tienen este problema y pueden florecer en cuanto alcancen el tamaño deseado. En general, no conviene hacer plantas muy grandes porque luego la luz no llega bien a las partes bajas y al final sólo hay cogollos en la mitad superior de la planta. Idealmente, las plantas deberían acabar la floración con un tamaño máximo de entre cien y ciento treinta centímetros. Teniendo en cuenta que, según las variedades, las plantas crecen durante la floración entre el 50 y el 150 por ciento, lo recomendable es empezar la floración cuando las plantas alcancen entre cuarenta y setenta centímetros. Cuando el cultivador quiere empezar la floración, cambia el fotoperíodo de crecimiento (18 horas de luz y 6 de oscuridad) por el fotoperíodo de floración (12 horas de luz y 12 de oscuridad).

FLORACIÓN EN INTERIOR

La floración en interior pasa por dos fases claramente diferenciadas. Durante la primera, las plantas crecen bastante en altura a la vez que comienzan a brotar los primeros cogollos. Esta primera fase dura entre tres y cinco semanas según la variedad. En la segunda fase, las plantas se dedican a engordar los cogollos produciendo grandes cantidades de flores. La cosecha se produce cuando acaba esta segunda fase y empiezan a brotar menos flores. Las plantas cultivadas en interior necesitan bastantes cuidados durante la floración. Hay que abonarlas muy a menudo y vigilar que no aparezcan plagas.

COSECHA Y RENDIMIENTO

El mejor sistema para evaluar el funcionamiento de un cultivo de interior es fijarse en la producción. Si todo marcha a la perfección, las plantas son de variedades escogidas por su productividad y el cultivador actúa de la forma correcta, se puede esperar un rendimiento de hasta un gramo de cogollos secos por cosecha por cada vatio de luz empleado. Es decir, una lámpara de alta presión de cuatrocientos vatios puede rendir una cosecha de hasta cuatrocientos gramos. Generalmente, la mayoría de los cultivadores no llegan a estos rendimientos, y es más habitual obtener entre 0,5 y 0,8 gramos por vatio.

El éxito en el cultivo de interior se alcanza tras varias cosechas, siempre que el cultivador vaya perfeccionando su técnica y su sistema.

La manera de lograr la máxima productividad pasa por ir perfeccionando poco a poco el sistema. Cosecha tras cosecha, el cultivador ajusta los parámetros del cultivo hasta conseguir el entorno perfecto. La labor del cultivador es perfeccionar su técnica de modo que le permita a las plantas expresar su máximo potencial, ya que más de eso no se les puede pedir. Afinando la dosis de abonos, la temperatura y la humedad del cultivo, el tiempo que pasan las plantas en crecimiento y floración y muchos otros detalles, las cosechas irán aumentando hasta lograr la producción máxima posible.

5

Cultivo de cannabis medicinal

Las virtudes medicinales del cannabis son conocidas desde la más remota antigüedad. La más antigua farmacopea china, el *Pen ts'ao*, ya lo recomendaba para numerosas dolencias hace cerca de cinco mil años y en la India, en el año 2000 a.C., el cannabis aparece en el *Athera Vera*, el primer texto médico hindú conocido.

Las propiedades terapéuticas de esta planta poco a poco están siendo aceptadas por la sociedad y los profesionales de la salud. El cannabis como medicamento está en boca de mucha gente. Se alaban sus propiedades y se investigan nuevos usos.

PROPIEDADES TERAPÉUTICAS

El cannabis se usa en el tratamiento de numerosas enfermedades:

- Reduce la hipertensión intraocular causante del glaucoma.
- Alivia o elimina la migraña.
- Ayuda a reducir las náuseas y el dolor provocados por la quimioterapia.

Los usos terapéuticos del cannabis se conocen desde hace más de cinco mil años.

- Reduce la espasticidad en parapléjicos y tetrapléjicos.
- Combate el dolor crónico de la artritis y el reumatismo.
- En los casos de anorexia, funciona como estimulante del apetito.
- Mejora las condiciones de vida de los enfermos de sida, reduciendo el dolor y las náuseas y estimulando el apetito.
- Ayuda a mejorar el insomnio.
- Es un buen broncodilatador para el tratamiento del asma.

El cannabis medicinal está de moda. Los políticos comienzan a interesarse en el tema y las asociaciones de pacientes a reclamar su legalización. Además de los consumidores lúdicos, empieza a surgir un nuevo tipo de consumidor: el enfermo. Pero no es algo nuevo, muchos de los usuarios habituales lo son en una doble vertiente; por un lado, se divierten fumando cannabis, pero, por otro, lo consumen por los beneficios que causa en su calidad de vida: relaja, abre el apetito, ayuda a dormir bien y combate el estrés. El cannabis, además de medicina en el sentido científico moderno, lo es de una forma mucho más amplia.

MARIHUANA EN EL MERCADO NEGRO

En el mercado negro es muy difícil encontrar marihuana de primera calidad, más aún si el paciente no tiene ninguna relación con ese mundo. El hachís comercial no es apropiado para el uso médico por los adulterantes que lleva. La marihuana comercial no siempre se produce con los cuidados necesarios para que pueda ser usada por enfermos que tal vez tengan el sistema inmunitario debilitado. Por ejemplo, si la hierba no se seca correctamente, pueden criarse en ella diversas especies de mohos y hongos, y algunos de estos últimos podrían causar infecciones en las vías respiratorias de aquellos que fumasen la marihuana. La adquisición de marihuana en el mercado negro conlleva además riesgos legales que los pacientes no quieren correr.

LA LEY Y LA MARIHUANA TERAPÉUTICA

Según la legislación española, el consumo de drogas ilegales no constituye ningún delito. Aunque el tráfico (la compra, la venta o incluso la donación) sí es un delito y la posesión en lugares públicos es una falta administrativa sujeta a una multa, el consumo es completamente legal siempre que se realice en un lugar privado.

Tal y como está la ley, la manera más legal de procurarse marihuana es autocultivarla. Y digo autocultivarla y no cultivarla porque lo único que no es plenamente ilegal es el cultivo para el propio consumo. Y ni siquiera esto figura con claridad en la ley. Sin embargo, si la cantidad cultivada es pequeña y se alega que está destinada al propio consumo, es raro que la condena vaya más allá de una multa. En el caso de un paciente que cultive para su propio consumo, es aún más difícil que el juez se decida a castigarlo severamente. ¿Qué juez se opondría a que alguien pueda aliviar sus dolores y padecimientos?

El autocultivo se presenta así como la mejor opción para las personas enfermas, especialmente teniendo en cuenta que la cantidad que necesitan la mayoría no sobrepasa los cien gramos al año. No son necesarias más de tres o cuatro plantas para cosechar esta cantidad. Este cultivo puede tenerse en un balcón soleado, en una azotea o en un pequeño jardín sin temor. Si vienen las fuerzas del orden, el cultivador debería explicar los motivos que le han llevado a cultivar y reclamar su derecho a usar las medicinas que mejor alivien sus dolencias. En el peor de los casos, le pondrán una multa, pero se habrá avanzado un paso más en el camino de la legalización.

EL AUTOCULTIVO MEDICINAL

Un laboratorio farmacéutico se ha gastado seis millones de euros en construir en el Reino Unido unos invernaderos de alta seguridad con capacidad para veinte mil plantas. Pero no hace falta tecnología de última generación para cultivar cannabis medicinal. Basta con agua, tierra y sol, aunque agradece algunos cuidados extras.

El consumo de marihuana encuentra su complemento perfecto en el autocultivo de dicho vegetal. Plantar marihuana no es un trabajo pesado, al menos si se hace a pequeña escala. Bien al contrario, resulta una actividad relajante y satisfactoria. En el caso de enfermos graves que encuentran en la marihuana alivio a sus dolencias, el autocultivo resulta casi una terapia. La persona que está bajo el cuidado de médicos y familiares llega a sentirse muy dependiente y a merced de los demás. La relación con las plantas, seres vivos que dependen de su cuidador, es muy beneficiosa y gratificante.

Cultivar marihuana medicinal es sencillo. El cultivador necesita tiestos de tamaño grande y un saco de tierra para macetas. Una vez llenas las macetas de tierra y bien regadas, se siembran las semillas a un centímetro de profundidad y se vuelve a regar suavemente la tierra. En una o dos semanas como mucho, aparecerán las plántulas. Hay que regarlas cada vez que la tierra esté un poco seca y abonarlas una vez a la semana. Es mejor usar abonos especiales para marihuana.

A partir de julio, las plantas mostrarán su sexo y, si las semillas no eran feminizadas, hay que eliminar los machos. Éstos hacen racimos de flores en forma de bolitas, mientras que las hembras tienen unas flores con dos estambres blancos que forman una uve. Para diferenciar bien los machos de las hembras, hace falta algo de práctica y leerse bien los apartados sobre sexado de este libro.

Desde el momento en que se sexan las plantas se puede cambiar el abono de crecimiento por uno apto para la floración. Hay que abonar las hembras al menos dos veces por semana si crecen en macetas. Las plantas destinadas a marihuana medicinal deberían limpiarse muy bien de restos de abonos y, para ello, se recomienda regarlas durante las dos últimas semanas de vida sólo con agua. A finales de septiembre o principios de octubre, se cortan las plantas y se cuelgan en un lugar oscuro durante dos-cuatro semanas, hasta que la marihuana esté bien seca y lista para consumir.

Fertilizantes

Los fertilizantes químicos se utilizan mucho porque son cómodos y fáciles de usar, pero tienen algunos inconvenientes. No son muy ecológicos. El uso indiscriminado de abonos químicos provoca que el terreno se vaya cargando de sales, hasta que llega a ser perjudicial para las plantas y las personas. Con las lluvias, los nitratos y otros elementos se filtran a los acuíferos subterráneos y llegan hasta el agua que bebemos.

El sabor y el olor de los cogollos se ven afectados por los abonos químicos. El cannabis pica al fumarlo y tiene un sabor algo metálico y artificial. Aunque no siempre es así, la hierba abonada con sustancias químicas suele irritar más la garganta y las vías respiratorias.

Abonar con productos orgánicos es una solución más sana y ecológica. El guano de aves, el estiércol, el humus de lombriz o el compost son abonos orgánicos fáciles de conseguir. Con ellos, la marihuana sabe mejor y no es tan fácil dañarla por exceso de fertilizante.

Insecticidas

Los insecticidas y plaguicidas suelen contener productos químicos muy tóxicos. En muchas ocasiones, potentes venenos. Aunque muchos de estos insecticidas se usan con frutas y verduras, no hay que olvidar que la marihuana no se lava antes de consumir, y si tiene restos de pesticidas, éstos acabarán en los pulmones del usuario, algo poco deseable en cualquier situación, pero especialmente cuando se trata de un enfermo. Es mejor no fumigar nunca las plantas con insecticidas o plaguicidas. La única excepción a esta regla son los insecticidas orgánicos como la piretrina y algunas recetas caseras que no son tóxicas.

Si no hay más remedio, se fumigará mientras las plantas crecen, pero nunca en floración, porque pueden quedar restos entre los cogollos. Si se pulveriza un insecticida mientras las plantas se encuentran en período de crecimiento, se puede fumigar de nuevo con agua unos días después para lavar los restos que queden en las hojas. Al no tener flores ni resina, se secan muy bien y no se enmohecen. Cuando se pulveriza un pesticida, es conveniente poner un plástico cubriendo la maceta para que los restos no caigan a la tierra.

La marihuana medicinal debe cultivarse sin usar insecticidas ni fungicidas químicos.

Hay algunas fórmulas de insecticidas caseros no tóxicos que se pueden utilizar sin riesgo. La receta más sencilla consiste en cocer o dejar macerar unos días en un par de litros de agua algunos de estos ingredientes: un par de cigarrillos, una o dos cabezas de ajos, algunas guindillas y una cebolla troceada. Una vez que han pasado unos días, se filtra el líquido y se mezcla con más agua para que no esté demasiado fuerte. A continuación, se pulveriza sobre las plantas cuidando de que se mojen completamente todas las hojas por ambas caras. No siempre mata a las plagas, pero ayuda a ahuyentarlas y mantenerlas bajo control.

Mohos y hongos

Los hongos y mohos nacen con mucha facilidad en ambientes húmedos y poco ventilados y algunas especies de hongos son peligrosas, por eso no es recomendable fumar cannabis enmohecido. Cuando aparece, el moho puede ser difícil de eliminar, por eso es mejor prevenirlo. Los hongos pueden aparecer mientras la planta está viva o durante el secado.

La mejor forma de evitar el enmohecimiento de la planta mientras está viva es tener cuidado con el agua. Cuanto más rato pasen las plantas húmedas, más fácil será que se enmohezcan. Si se mojan por la noche, pueden permanecer húmedas hasta el día siguiente, pero si se pulverizan por la mañana se secarán antes del mediodía.

También hay que evitar los mohos durante el secado. La marihuana se debe secar colgada y en un lugar bien aireado. Si no se cuenta con el lugar apropiado, se coloca un ventilador que mueva el aire alrededor de los cogollos.

No hay que enterrar los cogollos. Circula un rumor que asegura que si la marihuana se cura bajo tierra en una bolsa de plástico y dejándola fermentar, aumenta su potencia. No es cierto y puede causar una infección pulmonar.

USO Y CONSUMO

El cannabis, si se fuma con fines médicos, hay que prepararlo solo, sin tabaco. Las mezclas de marihuana con tabaco son peores que los dos productos fumados por separado. El cannabis actúa como broncodilatador y el tabaco hace más daño que fumado solo.

Para uso terapéutico, es recomendable reservar los mejores y más potentes cogollos. Se deben limpiar de hojas, troncos, ramitas y cañamones para dejar sólo las flores, lo más potente. La maría se corta con tijeras a fin de no dañar las glándulas de resina.

Los enfermos que tomen marihuana con fines terapéuticos deben consumirla sin mezclarla con tabaco.

Los pacientes deben saber que existen otras vías de administración del tetrahidrocannabinol (THC), aparte de fumar marihuana. La más común es ingerir el cannabis directamente o bien macerarlo en mantequilla o aceite de oliva durante varios días y consumir estos alimentos. Los efectos de la ingestión de cannabis tardan más en aparecer (hasta una hora y media), pero permanecen durante más tiempo que los provocados por la inhalación del humo.

A finales de la década de 1990 empezó a popularizarse el uso de vaporizadores como alternativa a fumar cannabis. Estos aparatos permiten inhalar los cannabinoides presentes en la marihuana sin respirar humo. Su funcionamiento se basa en calentar el material vegetal sin quemarlo con una llama. Cuando se alcanza la temperatura de vaporización (generalmente, entre 150 y 190 °C), los cannabinoides se convierten en vapor, pero la planta no se quema ni produce humo. El usuario inhala aire con cannabinoides en forma de vapor, pero nada de humo. Estos aparatos permiten disfrutar de las ventajas de la inhalación (efectos muy rápidos y fácilmente dosificables) sin sus inconvenientes (enfermedades derivadas de fumar, irritación de garganta).

DOSIS Y POTENCIA

Las dosis de cannabis necesarias para lograr los efectos terapéuticos varían mucho de paciente a paciente y también en función de la dolencia que se padezca. Las personas con enfermedades crónicas y dolorosas suelen ser las que necesitan dosis más altas, frecuentemente varios canutos al día. Por otro lado, los enfermos de cáncer que buscan aliviar los efectos secundarios de la quimioterapia pueden necesitar varias pequeñas dosis los días posteriores al tratamiento y no volver a consumir hasta la próxima tanda de quimioterapia.

La mayoría de los pacientes que consumen cannabis necesita dosis bastante bajas. Para estimular el apetito, suelen ser necesarios diez miligramos al día, y para combatir las náuseas, basta con tomar entre veinte y cuarenta miligramos diarios.

La marihuana no es un producto farmacéutico con una cantidad fija de principio activo. Cada planta de marihuana da un producto final distinto con una concentración en cannabinoides que depende de muchos factores. La genética de la semilla, los cuidados del cultivador e incluso la forma de secado influye en el contenido final de principios activos. La marihuana y el hachís de mala calidad pueden contener cantidades mínimas de THC, a menudo sólo un 2 o 3 por ciento. Un gramo de marihuana de buena calidad, del tipo que se puede cultivar en casa tras un par de cosechas de práctica, tiene entre el 5 y el 15 por ciento de THC, lo que supone entre cincuenta y ciento cincuenta miligramos de THC.

Se calcula que al fumar el cannabis sólo se absorbe un 20-70 por ciento del THC que hay en la marihuana. Una buena parte se destruye en la combustión y otra parte, aunque se ingiere, no llega al torrente sanguíneo y el consumidor la expulsa cuando suelta el humo. Por lo general, los consumidores habituales logran absorber más cantidad de THC, seguramente porque retienen el humo más tiempo.

Un paciente que necesite estimular su apetito con cuarenta miligramos de THC consumirá cada día entre 0,5 y 4 gramos de cogollos, dependiendo de la potencia de la marihuana y su capacidad de absorción. La persona que desconozca la potencia del cannabis que se dispone a consumir debería dar una sola calada y esperar un rato para evaluar el efecto, y si comprueba que no es suficiente, repetir la operación hasta obtener el efecto deseado.

El cannabis también se puede comer, y entonces sus efectos tardan mucho más en aparecer, hasta dos horas, pero los niveles de cannabinoides en la sangre se mantienen mucho más tiempo. Los efectos de comer cannabis son ligeramente diferentes a los que produce fumarlo.

Muchos usuarios de cannabis con fines médicos nunca han tenido contacto previo con los cannabinoides y es bastante fácil que fumen más de lo necesario y se mareen o se sientan mal. En esa situación lo más recomendable es mantener la calma, comer o beber algo dulce (chocolate, caramelos o zumos de fruta) y sentarse hasta que se pase, lo que suele suceder entre media hora y una hora después. Es importante recordar que nunca nadie ha muerto o sufrido consecuencias graves para la salud por consumir cannabis.

6

Agua y nutrientes

EL AGUA

El agua es un elemento esencial para la vida. Animales y plantas necesitan agua de forma constante para poder sobrevivir. El cannabis, naturalmente, no es ninguna excepción. Para cultivarlo y cosechar un producto de calidad, resulta esencial regar las plantas con regularidad y corregir aquellos aspectos menos positivos del líquido elemento que sale del grifo. Si se quiere cosechar buena marihuana, la calidad del agua de riego es tan importante como el abono o la tierra utilizados. No hay que olvidar que más del 70 por ciento del peso del cannabis es agua.

En los meses centrales del verano, el cannabis necesita grandes cantidades de agua para crecer vigorosamente y soportar los rigores del clima. Al igual que los animales, las plantas sudan para combatir el calor y necesitan más agua cuanto mayor es la temperatura ambiental. En pleno verano, las plantas en macetas precisan riegos diarios y difícilmente aguantarán más de dos o tres días sin agua. Es importante tener en cuenta que las plantas pueden sobrevivir con menos agua de la necesaria para una buena cosecha. Es decir, si se riega la planta lo justo para que no se muera, crecerá poco. Para que el cannabis se desarrolle al máximo, resulta esencial que no le falte agua.

Aguas buenas y aguas malas

No toda el agua es igual. Su calidad es muy importante y de ella dependerá, en gran parte, el éxito del cultivo. Como todo el mundo sabe, la fórmula del agua es H_2O, es decir, cada molécula de agua está compuesta de dos átomos de hidrógeno y un átomo de oxígeno. Esto es la teoría, pero en la práctica, sólo el agua destilada es pura, H_2O sin más. Toda agua del grifo o embotellada contiene cantidades más o menos grandes de distintos minerales disueltos. Calcio, sodio, hierro, cobre, nitrógeno... son algunos de los minerales más corrientes en el agua. Dependiendo de cuáles sean estos minerales y en qué cantidad se encuentren en el agua, ésta será mejor o peor. El sodio, por ejemplo, no tiene utilidad y resulta muy negativo para las plantas, ya que impide que puedan absorber otros nutrientes. El calcio, sin embargo, ayuda a la planta a fortalecerse y resulta positivo, siempre que no se dé en cantidades excesivas.

En pleno verano el cannabis necesita mucha agua; riegos diarios si crece en macetas o cada pocos días si está en el suelo.

pH

Para medir la calidad del agua, se observan dos aspectos fundamentales. El primero es el pH, que es una escala de 0 a 14 que mide la acidez o alcalinidad del agua, siendo 0 muy ácido y 14 muy alcalino o básico. El pH neutro es pH 7. La marihuana crece mejor en un pH ligeramente ácido entre pH 6,3 y pH 6,8. En cultivos de hidroponía se trabaja con un pH aún más ácido, entre 5,8 y 6,3. Si el agua que se usa para regar tiene un pH diferente (más ácido o más alcalino), será conveniente corregirlo. Para acidificar (bajar el pH) un agua demasiado alcalina, se añade un ácido. Los más usados son el ácido fosfórico y el ácido nítrico. Para basificar (subir el pH) un agua demasiado ácida, se agrega una base. En cualquier tienda de cultivo de cannabis se pueden encontrar los productos adecuados para ajustar el pH. Éste se puede medir con papeles de tornasol, reactivos de acuario o con medidores digitales. Los medidores digitales de electroconductividad (EC) y sólidos totales disueltos (TDS) resultan algo caros, pero son muy exactos y fiables.

Para que los nutrientes aportados por los abonos puedan ser absorbidos por el cannabis, el pH (valor que mide la acidez o alcalinidad) de la tierra debe ser neutro o un poco ácido. El valor pH de la tierra debería estar entre 6 y 6,5.

Es frecuente encontrarse con una tierra demasiado ácida para el cannabis, sobre todo en zonas donde llueve mucho. Se puede subir el pH añadiendo a la tierra cal viva, margas, cal de algas o incluso ceniza de madera, que, además, es rica en potasio.

SÓLIDOS DISUELTOS

El segundo y más importante factor que se debe observar para evaluar la calidad del agua es la cantidad de TDS en el agua. Las plantas pueden soportar un nivel de sales en el agua, pero por encima de ese nivel las sales pueden quemar las plantas.

La cantidad de sólidos disueltos se expresa en partes por millón (ppm), es decir, cuántas moléculas de sales hay por cada millón de moléculas de agua. El cannabis suele tolerar bien hasta 1.000 o 1.500 ppm de sales totales. El problema viene porque la cantidad total de sales en el agua es la suma de las sales que lleva el agua cuando sale del grifo más las sales provenientes de los abonos añadidos por el cultivador. Por tanto, cuantas más sales tiene el agua del grifo, menos fertilizante se puede añadir.

Para medir la salinidad del agua se usan los medidores de EC. Se basan en que la EC del agua es mayor cuantas más sales disueltas contiene. La unidad de medida de la EC es milisiemens por centímetro (mS/cm), aunque también hay medidores que expresan el dato directamente en partes por millón. En general, para convertir medidas en ppm a EC, podemos considerar que 1.000 ppm equivalen a 2 mS/cm. Por tanto, según las variedades, el cannabis se desarrolla bien con una EC total de hasta 2 o 3 mS/cm.

Medir la salinidad a ojo

Si no se dispone de un medidor de TDS, se puede evaluar aproximadamente la salinidad del agua poniendo un litro de agua en una sartén y dejando que se evapore al sol o en el fuego. Cuando se haya evaporado por completo, sólo hay que observar el fondo de la sartén. Si está cubierto por una fina capa de polvo blanco, se puede deducir que tiene bastantes sales disueltas. Por supuesto este sistema es muy relativo porque toda el agua corriente tiene sólidos disueltos, pero observando la cantidad de polvo se puede intuir si el agua tiene pocas o muchas sales. En todo caso, para afinar más se puede hacer el mismo proceso con una botella de agua mineral (suelen indicar la cantidad de sales que contienen) y comparar los restos.

Otro buen sistema consiste en fijarse en una maceta vieja que lleve tiempo con una planta. Si en las paredes de la maceta se ven manchas blancas (restos de cal y otras sales), es que el agua tiene bastantes sales.

Filtros de ósmosis inversa

Si el agua disponible tiene demasiadas sales como para regar con ella directamente, se puede utilizar un filtro de ósmosis inversa para eliminar los sólidos disueltos. Los filtros de ósmosis inversa hacen pasar el agua a través de una membrana que es impermeable para las sales, pero permeable a las moléculas de agua. De este modo el filtro saca por un lado agua pura, sin nada de sales, y por otro lado desecha agua más cargada de sales. El agua de ósmosis es igual que el agua destilada a la venta, pero sale mucho más barata y no hay que acarrearla desde la tienda hasta el cultivo. En los últimos años han bajado mucho los precios de los filtros de ósmosis inversa y se han convertido en un elemento indispensable para la mayoría de los cultivos de interior y algunos de exterior. La producción de agua sin sales de un filtro de ósmosis inversa depende en gran parte de la presión con que llega el agua del grifo. Si la presión es mayor, también lo será la producción de agua pura. Un filtro de ósmosis sencillo puede dar fácilmente cincuenta litros de agua diarios, y si la presión es grande, llegar hasta los cien.

Otra solución consiste en mezclar el agua del grifo con agua destilada o agua de menor salinidad como la de lluvia, hasta rebajar las sales a un nivel aceptable. El agua de lluvia está libre de sales y es ideal para mezclarla con la del grifo o para dársela directamente a las plantas.

La mayoría de los abonos están diseñados para ser usados con aguas que contienen algo de sales, especialmente calcio. Cuando se usa agua de ósmosis, es recomendable mezclarla siempre con una pequeña cantidad de la del grifo para que no aparezcan carencias nutritivas.

Algunos consejos de riego

Todos los cultivadores saben que la marihuana necesita bastante agua. Pero ¿qué es bastante? Ésta es una pregunta típica de los cannabicultores con menos experiencia. El riego no debe ser algo rígido, sino acorde a las necesidades de la planta y a la climatología. Como norma general, no hay que regar hasta que la capa superior de tierra (de uno a dos centímetros) se haya secado. En función del tamaño de la planta y del calor que haga, esto sucederá antes o después. Por supuesto, si la planta es muy grande y la maceta muy pequeña, los riegos serán más frecuentes que si la situación fuera a la inversa, una maceta grande para una planta pequeña. En pleno verano las plantas necesitan transpirar mucho para poder soportar las altas temperaturas y esto, lógicamente, también aumenta la necesidad de agua.

Si el riego es excesivo, sobre todo mientras la planta es joven, se corre el riesgo de que aparezcan hongos en las raíces. Si es escaso, la planta se desarrollará pobremente y la producción bajará en picado.

Es muy importante que cuando se rieguen las plantas se use agua en abundancia. Sólo si toda la tierra de la maceta se empapa bien podrán las raíces medrar a su antojo. Si se riega con pequeñas cantidades de agua, la mayor parte de la tierra quedará seca y, por tanto, fuera del alcance de las raíces.

Hay que regar, cada vez que la capa superior de tierra se seque, hasta que salga agua por los agujeros de drenaje de la maceta.

Por último, el mejor método para saber cuándo regar es mirar las plantas. Todas reflejan en su aspecto la cantidad de agua de que disponen. Cuando a una planta empieza a faltarle agua, pierde vigor y aparece caída y sin fuerza, pero en cuanto se riega recupera su buen aspecto.

¿QUÉ COMEN LAS PLANTAS?

Aparte de la luz, el agua y el dióxido de carbono presente en el aire, la marihuana consume cantidades considerables de tres macroelementos o nutrientes primarios: nitrógeno, fósforo y potasio. Necesita, además, cantidades medias de tres nutrientes secundarios: calcio, azufre y magnesio. La lista se completa con los ocho microelementos o micronutrientes (hierro, manganeso, zinc, boro, molibdeno, cobre, cloro y cobalto), de los que sólo precisa cantidades mínimas. Cuando a una planta le falta alguno de los nutrientes, muestra síntomas de carencias y crece con problemas. Según el nutriente que falte, los problemas serán más o menos graves y le perjudicarán en uno u otro momento de la vida de la planta. Por ejemplo, la falta de nitrógeno afecta al crecimiento, mientras que la carencia de fósforo impide un normal desarrollo de la floración.

Las plantas de cannabis necesitan para vivir agua, luz, dióxido de carbono y catorce elementos minerales.

Las carencias más comunes son de nitrógeno, fósforo, potasio, magnesio y hierro. El resto de los elementos falta muy rara vez. Muchas carencias están provocadas por un exceso de sales en la tierra o un pH demasiado alto o demasiado bajo. La gran mayoría de las deficiencias se pueden corregir lavando la tierra con varios litros de agua que vaya saliendo por los agujeros de drenaje de la maceta y, a continuación, abonando la planta con un fertilizante completo NPK con microelementos.

EL SISTEMA RADICULAR DE LAS PLANTAS

Las raíces son las encargadas de captar agua para que la planta pueda usarla en la fotosíntesis y elementos minerales del suelo con los que elaborar tejidos como hojas, tallos y flores. Las plantas que tienen un sistema de raíces sano y bien desarrollado pueden producir grandes cosechas, mientras que aquellas cuyas raíces están poco desarrolladas nunca serán plantas campeonas. Dada la importancia de las raíces en el cultivo, es fundamental conocer bien el funcionamiento del sistema radicular de las plantas.

Cuando una semilla de cannabis germina, lo primero que sale del cañamón es una raíz que se denomina radícula que crece directamente hacia abajo, anclándose en el terreno. Cuando crezca esta raíz, se convertirá en la primaria de la planta. Conforme avanza y crece la raíz primaria, van apareciendo raíces secundarias laterales que a su vez se ramifican. Las raíces crean una estructura muy similar a la que forma la planta por encima de la superficie con el tronco central, las ramas secundarias y las terciarias. Las raíces se diferencian del tallo principalmente por la falta de clorofila, hojas y nudos. La raíz principal crece en profundidad, mientras que las laterales crecen más o menos horizontales. A partir de las raíces secundarias nacen multitud de raíces que atraviesan el suelo en todas direcciones. Generalmente, en las primeras semanas de vida de la planta la superficie de absorción de agua y nutrientes de las raíces es mucho mayor que la superficie de hojas dedicada a la fotosíntesis.

Las plantas necesitan el suelo principalmente para sujetarse y para absorber agua, pero también obtienen de él nutrientes como nitrógeno, fósforo, potasio y multitud de microelementos necesarios para el crecimiento. El agua se absorbe sobre todo a través de la epidermis (la capa exterior) de las raíces más jóvenes, en cuyas puntas se encuentran los pelos radicales. Los pelos radicales son muy pequeños y mueren continuamente, siendo reemplazados por los nuevos que brotan de la punta en crecimiento. Los pelos radicales aumentan de forma considerable la superficie de absorción de la raíz.

Raíces y macetas

Las plantas que viven en macetas disponen de un espacio pequeño para desarrollar su sistema de raíces. Pocas semanas después de la germinación y por grande que sea el tiesto, las raíces tocarán con las paredes de la maceta y, no pudiendo alejarse más de la planta, tendrán que girar y comenzar a crecer alrededor de ésta. Lógicamente, al ocupar menos espacio tienen a su disposición menos agua y nutrientes que cuando crecen en el suelo. Su capacidad de sostén de la planta también se ve reducida. En estas condiciones, es el cultivador quien debe preocuparse de aportar a la planta agua y nutrientes frecuentemente para evitar carencias nutritivas y deshidrataciones por falta de agua.

Las raíces están diseñadas para crecer bajo la superficie, donde las temperaturas nunca suben tanto como sobre ella. Sin embargo, cuando crecen en macetas, éstas pueden alcanzar temperaturas muy altas que dañan gravemente las raíces y detienen su crecimiento. Este inconveniente se puede evitar sombreando las macetas o metiéndolas dentro de otras más grandes para crear una capa de aire que actué como aislante y evite el sobrecalentamien-

Las raíces sufren mucho cuando se calientan con el sol, pero el problema se soluciona sombreando las macetas.

to. Otra buena medida es colocar las macetas sobre planchas de corcho u otro material que las aísle del calor del suelo.

Problemas del suelo y las raíces

Las condiciones del suelo influyen hasta tal punto en la salud de las plantas que son, probablemente, la principal causa de problemas en el cultivo de cannabis. El sustrato debe cumplir varias condiciones para que las plantas crezcan de la forma adecuada en él. Debe conservar bien la humedad, pero sin permanecer encharcado, permitir el acceso del oxígeno a las raíces y mantener un nivel de pH y sales en la tierra óptimo para la absorción de agua y nutrientes.

El sustrato ideal forma una bola cuando se compacta un puñado entre las manos, pero la bola se desmenuza enseguida en cuanto se aprieta. El pH de la tierra debe estar entre 5,5 y 7. En cultivo de interior se suele mantener en la banda baja de este rango (pH 5,5-6) y en cultivo exterior, menos exigente, el ideal es un pH entre 6 y 7.

NUTRIENTES Y CICLO DE LA PLANTA

Las plantas, como cualquier ser vivo, necesitan comer para vivir y desarrollarse. En la naturaleza, cuando crecen en el suelo, sus raíces se extienden en busca de los nutrientes que necesitan, pero cuando se cultiva en el mismo lugar año tras año o si se planta en macetas, es necesario añadir nuevos nutrientes periódicamente para evitar que se agoten. El cultivador debe conocer cuáles son las necesidades del cannabis en cada fase de su desarrollo, así como el tipo de abono más adecuado para su sistema de cultivo.

El cannabis necesita mucho nitrógeno y bastante potasio

durante la fase vegetativa que va desde la germinación hasta el comienzo de la floración. Durante las tres o cuatro primeras semanas de la floración sigue necesitando nitrógeno y potasio, pero también fósforo. En la segunda parte de la floración se puede reducir el aporte de nitrógeno y se aumenta el de fósforo y potasio. Por último, la semana antes de la cosecha las plantas sólo se riegan con agua, sin ningún abono, para que eliminen los restos de nutrientes que puedan quedar en los tejidos.

Los abonos llevan siempre en la etiqueta las letras NPK, seguidas de tres números que indican la cantidad de nitrógeno (N), fósforo (P) y potasio (K) que contienen. Los fertilizantes para el crecimiento del cannabis deben ser ricos en nitrógeno (N), y los de floración, ricos en fósforo (P). El potasio (K) es necesario en todo momento. En invierno el sol calienta menos que en verano porque está más lejos de la Tierra. La luz llega más débil y las plantas no crecen tanto, por lo que necesitan menos abono y mucho menos riego que en verano.

Los fertilizantes son necesarios para un buen desarrollo del cannabis, sobre todo si está en macetas, pero el exceso puede ser muy perjudicial. Para evitar quemar las plantas, lo más indicado es poner la mitad o la tercera parte de lo que diga la etiqueta. Siempre se podrá abonar de nuevo más tarde si es necesario. Si las hojas de la marihuana están bien verdes y la planta va creciendo, lo más probable es que tenga los nutrientes que necesita. Si el cultivador se excede con el abono, el cannabis cogerá un color oscuro, pero las hojas presentarán las puntas quemadas o retorcidas y el crecimiento muchas veces se parará. Por el contrario, si el cannabis va perdiendo color, adquiere un tono verde claro o amarillento y el crecimiento es

Hay que abonar las plantas a menudo, al menos una vez por semana.

escaso, es necesario abonar. No hay que confundir los síntomas de una carencia de nutrientes con el amarilleamiento y la caída, totalmente normales, de las hojas más grandes a lo largo de la floración.

ABONOS Y FERTILIZANTES

Las tiendas especializadas en el cultivo de cannabis ofrecen una amplia gama de abonos y fertilizantes, sólidos o líquidos, orgánicos o de síntesis química, de liberación lenta, para cultivo hidropónico, etc. Aunque con cualquiera de ellos se puede cultivar, el producto final no siempre será igual. Es necesario entender cómo viven las plantas en la naturaleza para comprender la diferencia existente entre los distintos tipos de abonos, especialmente entre los químicos y los orgánicos.

En la naturaleza, las plantas se alimentan de los desechos de los millones de microorganismos (hongos, bacterias, etc.) que viven en cada centímetro cúbico de tierra. Estos microorganismos son los encargados de descomponer lentamente la materia orgánica e ir liberando, como desechos, nutrientes en forma iónica que las plantas absorben. Las plantas, a su vez, cuando mueren, sirven de alimento a la vida microbiana. De este modo el ecosistema se mantiene vivo.

En líneas generales, podemos dividir los abonos en dos tipos: abonos de síntesis química y abonos orgánicos. Los abonos de síntesis química consisten en sales minerales purificadas en estado sólido o disueltas en agua; no contienen materia orgánica y suelen ser muy concentrados. Los abonos químicos se producen a partir de compuestos sintetizados de forma artificial o de minerales ricos en el nutriente deseado. En ocasiones, se usan los minerales triturados directamente, pero lo más común es purificarlos y procesarlos químicamente hasta obtener sales minerales puras solubles en agua. Estas sales disueltas aportan nutrientes en forma iónica, absorbibles y asimilables por las plantas.

En teoría, un ión de nitrógeno es siempre igual, tanto si viene de un microorganismo presente en la tierra, como si es el producto de una síntesis química. En la práctica, es como decir que un tomate abonado con NPK es igual a un tomate abonado con estiércol: los dos tienen buena pinta y pueden incluso tener los mismos nutrientes, pero no saben igual.

Los abonos orgánicos se elaboran con distintos productos de origen vegetal o animal. Hay muchos procesos para convertir la materia orgánica en un alimento para las plantas, pero en la mayoría de los casos implica descomponer por uno u otro medio la materia en sus elementos más simples. Estos abonos contienen, además de los nutrientes, materia orgánica, que contribuye a mejorar la estructura y fertilidad del suelo, alimentando a los microorganismos que hay en él y conservando humedad.

Los fertilizantes químicos se utilizan mucho por su comodidad, pero tienen numerosos inconvenientes. Mientras que el abono de síntesis tan sólo aporta nutrientes listos para absorber, el abono orgánico también mejora la fertilidad del suelo sin ser perjudicial para el ecosistema. Los abonos minerales, especialmente los nitratos, se filtran al subsuelo y se acumulan en los acuíferos subterráneos envenenando las aguas. El uso abusivo de abonos minerales que se lleva a cabo en la agricultura actual ha elevado los niveles de

Los abonos químicos dan buen resultado a corto plazo, pero al final acaban con la fertilidad de la tierra, los biológicos en cambio la potencian.

Necesidades nutritivas del cannabis en las distintas fases de su ciclo de vida

Fase de la planta	Minerales necesarios	Abonos y suplementos necesarios	Consumo de agua
Germinación	No necesita nutrientes en los primeros días porque viven de las reservas de la semilla	Estimulador de raíces	Poca
Enraizamiento esquejes	Los esquejes enraízan con los nutrientes de reserva que tienen y necesitan poco abono hasta que tienen raíces	Hormonas de enraizamiento y abono de crecimiento en aplicación foliar	Poca, pero los esquejes deben estar en un lugar con gran humedad
Crecimiento	Nitrógeno y fósforo	Estimuladores de raíces y de crecimiento y abono de crecimiento	Va aumentando en función del tamaño de la planta y la temperatura
Comienzo de la floración	Nitrógeno, fósforo y potasio	Abono de principio de floración o abono de crecimiento y floración a partes iguales	Mucha
Floración avanzada	Fósforo y potasio	Abono de floración y suplementos y potenciadores de la floración	Mucha
Final floración	Ninguno	Potenciadores del sabor y productos para limpiar las plantas de restos de nutrientes	Mucha

nitratos en los acuíferos de grandes zonas del país muy por encima de los límites seguros para el consumo humano.

Los nutrientes atrapados en la materia orgánica se mantienen protegidos por ésta y no se pierden arrastrados por la lluvia o degradados por el sol. En cambio, los elementos minerales en su forma más simple permanecen muy poco tiempo disponibles para las plantas, por lo que gran parte de los nutrientes aportados por los abonos químicos nunca llegan a ser utilizados por las plantas.

En el cultivo de cannabis, se utilizan grandes cantidades de fertilizantes, sobre todo en los jardines de interior. Una gran parte de estos nutrientes acaba en el desagüe y después en los ríos, contaminando nuestras aguas. El uso de nutrientes orgánicos paliaría en parte esta situación, aunque no cabe duda de que el impacto de la agricultura alimentaria es infinitamente mayor que el de la pequeña agricultura cannábica, pero por alguna parte se empieza.

FABRICANTES DE ABONOS

Ofrecemos a continuación una relación de fabricantes serios de abonos específicos para cannabis, así como sus direcciones web.

Advanced Hydroponics of Holland (www.advancedhydro.com).
Advanced Nutrients (www.advancednutrients.com).
Atami (www.atami.com).
Bioaigua (www.bioaigua.es).
Bio Bizz (www.biobizz.nl).
Bio Nova (www.bionova.nl).
Canna (www.canna.com).

Cellmax (www.cellmax.nl).

General Hydroponics Europe (www.eurohydro.com).

Grotek (www.grotek.net).

Guanokalong (www.guanokalong.nl).

House and Garden (www.house-garden.us).

Organik (www.organiknature.com).

Plagron (www.plagron.nl).

Hesi (www.hesi.nl).

Trabe (www.trabe.net).

7

Cosecha, secado y cata

LA COSECHA

La mayoría de las variedades de marihuana se cosechan en nuestras latitudes entre mediados de septiembre y finales de octubre. Dentro de este período hay que ajustar al máximo el momento exacto de cortar los cogollos, ya que de ello depende que el cannabis tenga la máxima potencia y el grado ideal de maduración.

El momento de la cosecha es ciertamente delicado. Las plantas de cannabis llenan los cogollos de resina sobre todo en las últimas semanas de floración. Cortar las plantas dos semanas antes de tiempo reducirá al menos un 10 por ciento la cosecha y el efecto de la marihuana será más activo y estimulante. Si se cosechan cuando ya ha pasado el momento óptimo, una parte del tetrahidrocannabinol (THC) contenido en las glándulas de resina habrá comenzado a degradarse en cannabidiol (CBN), lo que hace disminuir la potencia de los cogollos y aumentar los efectos físicos y relajantes.

Punto óptimo de cosecha

Determinar el día de la cosecha no siempre es fácil; algunas variedades florecen de golpe y sus flores maduran, más o menos, todas a la vez, pero en la mayoría de las variedades de cannabis las flores nacen por tandas, de modo que cuando las primeras tandas de flores están madurando, las últimas aún siguen inmaduras. En este caso, se suele esperar a que esta última tanda de flores alcance su madurez, aunque no tanto como para que llegue a cambiar a color ámbar, momento en el cual las primeras flores estarían muy pasadas.

La floración del cannabis suele durar de 8 a 10 semanas en la mayoría de las variedades índicas y los híbridos. Estas cifras suelen ser mayores para las variedades sativas que por lo general siguen creciendo mucho mientras florecen. Los híbridos y las índicas suelen crecer durante las tres o cuatro primeras semanas de la floración. Luego se detienen y comienzan a engordar los cogollos con rapidez en varias oleadas de flores que van recubriendo las anteriores. Un mes o mes y medio después, están listas para cosechar.

Las índicas se suelen cosechar en septiembre y octubre y las sativas entre octubre y noviembre, aunque las más lentas pueden tardar más.

Según qué variedad se cultive, el momento óptimo para cosechar acontecerá, en el hemisferio norte, entre principios de septiembre (para algunas, las menos, índicas muy rápidas) y mediados de diciembre (para las sativas más puras). La mayoría de las variedades híbridas de los bancos de semillas se cosechan entre mediados de septiembre y finales de octubre. Las variedades índicas son más tempranas y suelen estar listas en septiembre o primeros de octubre. Realmente, hay muy pocas que se cosechen antes del 15 de septiembre, la mayoría se corta en la segunda quincena. Las sativas y los híbridos son más inesperados. Alguna variedad temprana puede estar madura en septiembre, pero la mayoría no acaba hasta el mes de octubre. Las sativas más puras de los bancos de semillas holandeses pueden acabar a fines de octubre o en noviembre y las sativas puras traídas de países ecuatoriales a veces no están listas hasta diciembre o mueren sin haber cogollado de verdad. En el hemisferio sur, las fechas de cosecha acontecen con exactamente seis meses de diferencia, entre principios de marzo y mediados de junio.

Los métodos para decidir

Existen dos métodos para decidir el momento de la cosecha. El más fácil consiste en fijarse en los estigmas de las flores. Estos pelitos blancos o rosados cambian de color a marrón o naranja cuando se marchitan y la flor está madura. Normalmente, cuando más de la mitad de los estigmas están marrones, la planta está lista para ser cosechada. Según la variedad plantada y los gustos del cultivador, se puede cosechar cuando hay del 60 al 90 por ciento de estigmas marrones. No todas las variedades tienen el mismo patrón de floración. En algunas variedades índicas los estigmas maduran más o menos de golpe, mientras que en algunas sativas nunca dejan de brotar nuevas flores, mientras se van marchitando las más viejas; en estas variedades puede que nunca veamos una gran mayoría de flores marchitas.

Las plantas se cosechan cuando la mayoría de los estigmas han pasado del color blanco al marrón.

Otro método, más preciso, pero más laborioso, trata de observar el color de las glándulas de resina de las flores. La resina, y por tanto el THC, está en las glándulas que recubren las flores. Estas glándulas son transparentes mientras están produciendo nueva resina y empiezan a cambiar de color cuando paran de hacerlo, entonces cada vez amarillean más, hasta llegar al ámbar. Si se observan con un microscopio de campo o una lupa de relojero, se puede ver este cambio de color. El punto óptimo de cosecha ocurre cuando una buena parte de las glándulas tienen color ámbar, pero todavía hay bastantes transparentes.

ANTES DE COSECHAR

En los últimos días antes de la cosecha no se deben abonar las plantas. Al regar sólo con agua durante una o dos semanas, la tierra se lava de los restos de fertilizantes y la planta consume parte de los nutrientes almacenados en las hojas. Gracias a este proceso, que se observa desde fuera como un amarilleamiento de las hojas más grandes, la marihuana pierde una importante parte de la clorofila y mejora mucho su sabor.

El cannabis necesita vivir cómodamente hasta el final de sus días para conseguir cogollos de calidad. Las plantas deben ser regadas hasta el último día, ya que la deshidratación no les sienta nada bien.

Cómo cosechar

Hay quien cosecha por la mañana y quien lo hace al atardecer. Otros cultivadores no le dan importancia al momento del día en que se cortan las plantas. Lo importante es cosechar la planta un día sin lluvia y esperar a que el rocío de la mañana se haya secado, de modo que las hojas y los cogollos no entren mojados al secadero o aumentaremos las probabilidades de que aparezcan hongos. El manicurado y colgado de la planta debe hacerse lo antes posible una vez cortada. Las hojas pierden su vigor en poco tiempo y después es muy difícil manicurar.

Lo más sencillo es cortar las plantas a nivel del suelo y colgarlas enteras en el secadero. Es recomendable eliminar las hojas más grandes antes de colgar la planta para acelerar el secado. Estas hojas no tienen casi cannabinoides y no sirven para fumar. Cuantas más hojas se manicuren y más limpios queden los cogollos, mejor aspecto final tendrán. Es más fácil hacer una primera manicura antes de cortar la planta y que las hojas se empiecen a mustiar. Es fundamental usar un par de tijeras bien afiladas para que el trabajo no se eternice.

Para evitar el ataque de los hongos, nunca hay que cosechar las plantas cuando están mojadas.

MANICURA

Después de cortar la planta, se deben quitar las hojas grandes que no tienen glándulas de resina. Estas hojas no se usan para fumar y dificultan que los cogollos se sequen bien. Generalmente, se manicuran los cogollos antes del secado, pero hay quien lo hace después para que las hojas grandes, al secarse, recubran el cogollo y lo protejan evitando que se rompan las glándulas llenas de resina.

Para hacer la manicura a los cogollos, se agarra la planta por el tronco y, mientras se sostiene boca abajo, se van cortando las hojas grandes junto con sus pecíolos o tallitos. También se deben cortar las puntas de las hojas que sobresalgan del cogollo y no tengan resina. Cuanto más limpio acabe el cogollo, más potente será. Mientras se manipulan los cogollos, hay que ser cuidadoso para no romper las glándulas de resina, ya que el THC en contacto con el aire se oxida y pierde sus propiedades.

El trabajo de manicurar es lento y tedioso, pero muy necesario. Cuanto mejor se manicuren las plantas, mejor aspecto tendrá el cogollo final. La manicura es más rápida usando tijeras con punta y bien afiladas, a ser posible de poco peso para reducir la fatiga. Un cultivador con experiencia tardará, según la variedad cosechada, entre cinco y diez horas en manicurar un kilo de cogollos.

Durante la manicura parte de la resina se acumula en las tijeras formando una pasta oscura que hay que retirar de vez en cuando raspándola con un cuchillo. Prensando entre los dedos las virutas de resina obtenidas se forma un hachís de gran potencia y calidad. Otro sistema de limpieza consiste en sumergir las tijeras en aceite de oliva o en alcohol para que la resina se disuelva. Al final de la manicura, el aceite o el alcohol contendrán una buena cantidad de cannabinoides que se puede aprovechar para cocinar platos psicoactivos, o bien, evaporando el alcohol, para hacer aceite de cannabis.

SECADO

Tras la cosecha y manicura de las plantas, el cultivador debe secarlas. Este proceso, que elimina la humedad de los tejidos y cambia la estructura química de los cannabinoides, resulta esencial para que la marihuana obtenga sus propiedades psicoactivas. Una vez seca, el curado sirve para afinar el sabor y mejorar el olor de los cogollos. Por buena que sea la variedad cultivada, los resultados nunca serán plenamente satisfactorios si no se seca y cura de la forma adecuada.

Por un lado, el cannabis se tiene que secar porque mientras haya humedad en la planta, el THC no es psicoactivo. Por otro lado, los amantes del cannabis, gustan de curar la hierba para lograr el mejor sabor y la mayor potencia. A través de un lento proceso que puede durar varios meses, los cogollos ganan en aroma y presencia.

Secado: técnica

El secado correcto del cannabis no tiene demasiados secretos. En principio, basta con colgar las plantas boca abajo en un lugar seco, aireado, fresco y oscuro. Si no se dispone de un espacio así, se pueden colgar en cualquier lugar aireado que no esté a pleno sol. Se ha de procurar que las plantas colgadas no se toquen entre sí, de este modo estarán más aireadas.

Los cogollos se secan de fuera hacia dentro, por lo que normalmente cuando están secos en la superficie aún mantienen humedad en el interior. Es muy importante no guardarlos hasta que se hayan secado por completo. Las plantas alcanzan su nivel óptimo de secado una vez que los tallos se rompen al forzarlos en vez de doblarse.

¿Qué sucede al secar el cannabis?

La más importante función del secado del cannabis es lograr que éste sea psicoactivo. La marihuana fresca y sin secar no produce efectos porque los cannabinoides presentes en la resina se hallan en una forma no psicoactiva. Para convertirse en cannabinoides psicoactivos, deben sufrir una transformación química llamada descarboxilación que se produce cuando las plantas pierden el agua que contienen. La descarboxilación ocurre durante el secado. Hasta que los cogollos no están bien secos, la marihuana no ha alcanzado su máxima potencia.

Durante el proceso de secado, que puede durar de una a cuatro semanas, el cannabis pierde alrededor del 75 por ciento de su peso. Este porcentaje es aproximado y depende en parte de qué variedad cultivemos y de su estado de desarrollo. Mientras algunas plantas pierden hasta el 80 por ciento, otras no llegan al 70 por ciento.

Las plantas de marihuana no se mueren de inmediato después de cortarlas. A lo largo de días o incluso semanas, siguen produciéndose procesos químicos en el interior de las células. Poco a poco, la clorofila y los almidones se descomponen, lo que mejora el sabor de la hierba y aclara el color.

Si el cultivador decide que no quiere curar la marihuana, la mantendrá colgada hasta que esté completamente seca. Cuando los tallos de la planta se quiebren al doblarlos, se considera que la planta está lista para el consumo. A partir de ese momento debe guardarse en cajas o botes para su conservación.

En cambio, si se desea curar la hierba, las plantas estarán menos tiempo colgadas. Cuando las hojas se han secado pero aún queda humedad en el centro del cogollo, comienza el proceso de curado.

Secado rápido

Hacen falta varias semanas para secar el cannabis simplemente colgándolo al aire. Para que el resultado final sea perfecto, los cogollos deben perder la humedad poco a poco, a la vez que se va descomponiendo la clorofila. Sin embargo, es muy frecuente que el cultivador esté esperando sus cogollos como agua de mayo y se muestre impaciente por catarlos. En estos casos se emplean diversas técnicas para secar el cannabis muy rápidamente, aunque casi siempre a costa de perder algo de potencia. Que nadie se confunda, estos métodos no son recomendables y la hierba no alcanzará su máxima potencia ni su mejor sabor.

Durante un buen secado resulta imprescindible mantener los cogollos alejados del sol y el calor para que mantengan íntegra toda su potencia. Sin embargo, después de meses de trabajo y con parte de la cosecha secándose, puede que el cultivador quiera probar la cosecha antes de tiempo. Hay varias técnicas de secado rápido y unas son mejores que otras, aunque con todas se pierde algo.

El secado rápido permite acelerar el proceso a costa de perder calidad y potencia.

Un buen sistema de secado rápido consiste en romper cada cogollo separando todos los cogollitos que lo componen y extenderlos sobre una malla o rejilla. Al ser cogollos pequeños, se secan muy deprisa y como no se usa calor no se daña el THC. El inconveniente es que el secado es tan rápido que muchas veces no da tiempo a que se descomponga la clorofila y la marihuana pica en la garganta. Para acelerar el secado aún más, se coloca un ventilador soplando continuamente sobre las plantas.

CURADO

El curado del cannabis es el proceso que sigue al secado, y gracias a él la planta pierde la clorofila que contiene. La clorofila es un ingrediente fundamental de todas las partes verdes de la planta, pero aunque es muy útil para la fotosíntesis de las plantas, su sabor resulta poco agradable cuando se fuma el cannabis. La hierba con clorofila pica y produce carraspeo.

El secado y el curado de los cogollos son la clave del resultado final. Por muy buena que sea la marihuana cuando se corte, no será nada especial si el secado y el curado no se realizan correctamente. Por otra parte, el sabor de una planta mediocre puede mejorar mucho con un buen curado, aunque ello no aumentará su potencia; de hecho, si se cura mal ésta disminuye. Una planta mal curada suele oler a humedad o a moho y saber igual.

El curado consiste en hacer el secado lo más lento posible. Una vez que la planta ha perdido una importante cantidad de agua mientras colgaba boca abajo, se traspasa a un recipiente donde el intercambio de aire es menor y, por tanto, el secado es más lento.

Cuando la parte de fuera del cogollo está seca pero el centro mantiene humedad, se introduce la hierba en un bote o una caja y la humedad se reparte de nuevo por todo el cogollo. A continuación, se abre la caja para que el cogollo se seque un poco más, y se vuelve a cerrar para que la humedad se reparta. Cada día se abren un rato los botes o cajas para airear los cogollos. En unas semanas la marihuana alcanzará su punto justo de secado en todo el cogollo a la vez.

Mientras la marihuana conserva bastante humedad es fácil que se asienten los hongos. Es conveniente vigilarla a diario y no meterla en botes hasta que esté bastante seca. Una vez que ha perdido la mayor parte del agua, es mucho más difícil que se enmohezca.

El cannabis que se ha enmohecido durante el secado presenta filamentos de hongos por su superficie y, si el ataque es muy grave, los cogollos prácticamente se cubren de micelio blanco, gris o marrón. El cannabis enmohecido no se debe consumir porque puede resultar perjudicial para la salud.

Durante los primeros cinco o seis meses después de cosecharlo, el cannabis no hace más que mejorar, siempre que se conserve bien.

LOS CANNABINOIDES

La marihuana contiene más de sesenta cannabinoides diferentes, unos compuestos presentes, además de en el cannabis, en los sistemas nervioso e inmunitario del hombre y los animales. Los cannabinoides son responsables de la mayoría de los efectos del cannabis. El principal compuesto psicoactivo de la marihuana es el THC. Sin embargo, contiene decenas de sustancias más que influyen en el efecto psicoactivo, principalmente CBD y cannabinol (CBN). Entender cómo se forman el THC y los demás cannabinoides ayuda a decidir el momento justo de la cosecha.

La composición de cannabinoides en los cogollos varía a lo largo de la floración. Cuando una flor es joven, contiene mucho CBD, poco THC y casi nada de CBN. Conforme madura, aumentan los niveles de THC y cuando envejece se incrementa el CBN. Por tanto, si se cosechan las plantas cuando muchas flores son jóvenes, se obtendrá mucho CBD, pero poco THC. En el momento óptimo de maduración, el nivel de THC es máximo, mientras que el de CBD y CBN son bajos. Las plantas demasiado maduras contienen niveles altos de CBN y menos THC.

Si la cosecha se realiza mientras la planta aún tiene la mayoría de los estigmas sanos, la psicoactividad será cerebral con poco efecto físico o narcótico. Si la recolecta se deja para cuando la mayoría de los estigmas ya se han secado, la hierba será más fuerte y resinosa y el efecto psicoactivo más narcótico y relajante.

LAS GLÁNDULAS DE RESINA

Las glándulas de resina son células especializadas que segregan una mezcla de resinas y aceites esenciales, fundamentalmente compuestos terpenoides. En estas glándulas también se sintetiza el THC, principal compuesto psicoactivo del cannabis, además de otros muchos cannabinoides (CBD, CBDA, CBN, etc.). Las glándulas de resina son un tipo de tricomas, especie de pelos que recubren la superficie de la planta y cuyo nombre técnico es «tricomas glandulares»; se diferencian del resto de los tricomas por su capacidad de producir resina. Existen tres tipos de tricomas glandulares que producen resina: tricomas glandulares bulbosos, tricomas glandulares pedunculados con cabeza y tricomas glandulares sésiles (sin pedúnculo) con cabeza. Además, hay dos tipos de pelos o tricomas no glandulares que no contienen resina ni

> *En la resina de la marihuana hay más de sesenta cannabinoides diferentes entre los que destaca el THC, principal responsable de los efectos psicoactivos.*

Figura 11. Cogollo recubierto de glándulas de resina.

Tabla de procesos posteriores a la cosecha

Proceso	Duración	Comentarios
Cosecha	Unos minutos	Nunca se deben cosechar las plantas mojadas
Manicura	De cinco a diez horas por kilo de cogollos	Puede realizarse antes o después del secado
Secado	Entre una y tres semanas según el clima; hasta que las ramas se partan al intentar doblarlas	Es conveniente revisar las plantas diariamente por si aparecen hongos
Curado	Entre uno y tres meses	Es clave para mejorar el sabor final
Conservación	En condiciones óptimas entre uno y dos años	Evitar el aire, la luz y el calor

cannabinoides: pelos cistolíticos (quísticos) y pelos unicelulares.

CONSERVACIÓN Y ALMACENAJE

La marihuana y el hachís son apreciados por sus propiedades psicoactivas, que pueden perder con mucha rapidez si no se conservan de forma adecuada. El cannabis ya seco permanece más o menos estable y conserva sus propiedades cuando se encuentra en un ambiente adecuado, básicamente hermético, seco, frío y oscuro, ya que el aire, la humedad, el calor y la luz son sus principales enemigos. Los insectos y los hongos también pueden atacar al cannabis ya seco y convertir buenos cogollos en material infumable.

Los cogollos que se han secado de forma correcta pueden ser guardados en recipientes herméticos alejados de la luz, el calor y la humedad durante un año sin que se pierda su potencia y sin que exista riesgo de que se estropeen. En realidad, la marihuana puede durar hasta cuatro años bien guardada, aunque va perdiendo algo de potencia, el sabor no hace sino mejorar, como el buen vino. Una buena opción para guardar los cogollos a largo plazo es meter los recipientes que los contengan en el congelador, pero es muy importante que estén bien secos o se estropearán. En cambio, si se guarda el cannabis en un bote abierto a temperatura ambiente puede perder la mitad de su potencia en unos cuantos meses.

8

Enfermedades, carencias, plagas y hongos

Cannabis sativa es una especie muy resistente que crece en casi todos los continentes y es capaz de sobrevivir en condiciones muy duras. Sin embargo, cuando se cultiva para obtener cogollos, es muy importante que las plantas gocen de buena salud o no producirán un buen rendimiento. Los problemas más importantes que sufren las plantas se engloban en las siguientes categorías: carencias o excesos de nutrientes, cuidados inadecuados o situaciones de estrés y ataques de plagas y de hongos.

CARENCIAS DE NUTRIENTES

Evitar las carencias de nutrientes no es difícil. Basta con fertilizar regularmente con un abono completo que contenga microelementos y asegurarse de que las sales no se acumulan en la tierra. La inmensa mayoría de los problemas de cultivo tienen que ver con el exceso de fertilizante y la acumulación de sales en la tierra, sobre todo cuando las plantas crecen en macetas. Para que el nivel de sales no aumente, basta con regar bien (es decir, hasta que el agua escurra por los agujeros de la maceta) y lavar la tierra una o dos veces al mes.

Las carencias nutritivas de las plantas no suelen venir solas. Habitualmente encontraremos dos o más deficiencias a la vez. Muchas carencias, en especial las de microelementos, no se deben a una falta de ese elemento, sino a un pH demasiado alto o demasiado bajo, o a un exceso de sales en la tierra. Cuando sucede esto, las raíces no pueden absorber los nutrientes, aunque estén presentes en la tierra.

Para solucionar una carencia, la técnica que se ha de seguir es la siguiente. En primer lugar, se lava la tierra regándola con una cantidad considerable de agua que escurrirá por los agujeros de drenaje. El agua se llevará disueltas las sales que estuvieran presentes en la tierra, dejándola limpia de sales. Es imprescindible lavar la tierra con mucha agua, alrededor de dos litros por cada litro de tierra.

A continuación se riegan las plantas con una solución fertilizante, bien equilibrada y con el pH ajustado, lo que restaura el equilibrio de nutrientes. En un par de días la planta mejorará y reanudará su desarrollo.

Es importante usar abonos NPK con microelementos durante toda la vida de la planta. El cannabis es una planta que crece con rapidez y necesita mucho alimento. Si se cultiva en macetas, será necesario abonar una vez por semana con un fertilizante líquido para que a la planta no le falte de nada. Para evitar que se acumulen los restos de fertilizantes, hay que lavar periódicamente la tierra.

Y para que no haya carencias de nutrientes, lo mejor es la prevención: controlar el pH del agua y de la tierra, alimentar las plantas una o dos veces por semana con un abono líquido y lavar la tierra cada dos semanas.

Las plantas necesitan para alimentarse luz, agua, dióxido de carbono y catorce minerales en proporciones diferentes. La fotosíntesis es el proceso a través del cual las plantas utilizan la luz, el agua y el dióxido de carbono para fabricar azúcar y oxígeno. El azúcar, así como los minerales que absorben por las raíces, les sirven para desarrollar todos sus tejidos, mientras que el oxígeno de desecho se libera a la atmósfera. La fotosíntesis sólo se realiza de día porque necesita luz. Las plantas, como los animales, también respiran. Captan oxígeno del aire y liberan dióxido de carbono tanto de día como de noche.

Los nutrientes o minerales que las plantas utilizan pueden dividirse en tres grupos según la cantidad en que son necesarios. Los macronutrientes (nitrógeno, fósforo y potasio) se consumen en grandes cantidades, y los nutrientes secundarios (calcio, azufre y magnesio), en cantidades medias. La lista se completa con los ocho microelementos o micronutrientes (hierro, manganeso, zinc, boro, molibdeno, cobre, cloro y cobalto), de los que sólo necesitan cantidades mínimas. Cuando a una planta le falta alguno de los nutrientes, muestra síntomas de carencias y crece con problemas.

Según el nutriente que falte, los problemas serán más o menos graves y perjudicarán a la planta en uno u otro momento de su vida. Por ejemplo, la falta de nitrógeno afecta al crecimiento, mientras que la carencia de fósforo impide un normal desarrollo de la floración.

Las carencias más comunes son de nitrógeno, fósforo, potasio, magnesio y hierro. El resto de los elementos falta muy rara vez. No siempre las carencias responden a una falta de nutrientes en la tierra, a menudo los nutrientes están, pero las plantas no los pueden absorber por una o varias causas. El pH demasiado bajo o demasiado alto,

Para solucionar una carencia nutritiva, se debe lavar la tierra regándola con agua abundante y, a continuación, abonar las plantas con un fertilizante líquido que contenga microelementos.

el exceso de sales en la tierra, la falta de oxígeno en las raíces o regarlas demasiado pueden interferir en la absorción de nutrientes y provocar que la planta muestre síntomas de carencias.

Carencia de nitrógeno

Cómo se ve: amarillean las hojas viejas y se queman las puntas (se secan y se ponen marrones). Se caen las hojas más viejas. Se atrofia el crecimiento. El color de las hojas se pone verde pálido.

Las plantas crecen larguiruchas y espigadas. Los tallos están blandos y no se sostienen bien.

Cómo se cura: regar con un fertilizante alto en nitrógeno como la emulsión de pescado o el extracto de algas. También sirven los fertilizantes completos NPK para plantas verdes o cualquiera con bastante nitrógeno (N) y poco fósforo (P).

Carencia de fósforo

Cómo se ve: las hojas y los tallos adoptan un color verde oscuro o púrpura. Las hojas son pequeñas y oscuras. Se para o atrofia el crecimiento de las raíces, tallos y hojas. Las hojas más bajas amarillean y mueren. Los tallos están duros y quebradizos.

Cómo se cura: abonar con un fertilizante alto en fósforo como el guano. Todos los abonos completos para plantas con flores, geranios, rosas, etc., también sirven.

Carencia de potasio

Cómo se ve: las hojas más viejas amarillean; primero las puntas y luego toda la hoja adquieren un color amarillo intenso. Las hojas se curvan hacia abajo y las más jóvenes se arrugan y se retuercen. Se mueren los brotes de crecimiento. Aparecen zonas de necrosis (tejido muerto). Tallos blandos que no se sostienen o duros y quebradizos.

Cómo se cura: el potasio no siempre falta, sino que, a menudo, está bloqueado en la tierra a causa de la acumulación de sales. Para tratar esta deficiencia, hay que lavar la tierra y luego fertilizar con un abono alto en potasio. Los abonos para cactus suelen tener mucho potasio, aunque vale cualquier fertilizante completo.

Carencia de magnesio

Cómo se ve: amarillean las hojas viejas entre los nervios, que se mantienen verdes. Las puntas de las hojas primero, y el resto de la hoja a continuación, se ponen marrones. Las puntas de las hojas se curvan hacia arriba y luego mueren. La planta entera puede palidecer en unas semanas y morir.

Cómo se cura: la carencia de magnesio es relativamente corriente porque la mayoría de los fertilizantes no contienen tanto como el cannabis necesita. Este nutriente se puede añadir directamente al agua en forma de sales de Epson (sulfato de magnesio hidratado) a razón de una cucharadita de café por cada cinco litros. Hay que tener cuidado de no añadir demasiado porque puede afectar a la absorción del calcio. También se puede usar un abono completo con bastante magnesio.

Muchas carencias no están causadas por una falta de nutrientes, sino por un exceso de sales en la tierra que imposibilita su absorción.

Carencia de hierro

Cómo se ve: la falta de hierro o clorosis, al igual que la carencia de potasio, suele ser una consecuencia directa de la acumulación de sales en la tierra o de un pH demasiado alto. Normalmente, no falta hierro en la tierra, sino que las sales o el pH hacen que no se pueda absorber. Los síntomas de ambas carencias son similares: amarillean las hojas entre las venas, aparece necrosis en los tejidos y las hojas se caen.

Cómo se cura: como la carencia de potasio, se soluciona lavando la tierra, ajustando el pH y abonando a continuación con un fertilizante completo con microelementos. Se puede añadir hierro quelatado que se mantiene disponible para las plantas, aunque el pH sea demasiado alto, esto es muy útil en zonas donde el agua tiene un pH muy alto.

PROBLEMAS FRECUENTES

Los problemas más habituales en el cultivo son fáciles de resolver y corregir con medidas sencillas:

Exceso de nutrientes

Cómo se ve: la planta adquiere un color verde oscuro, al principio crece muy bien. Conforme el fertilizante se va acumulando, las hojas comienzan a quemarse en las puntas, que se van curvando hacia abajo y oscureciendo. La marihuana demasiado abonada pica al fumarla e incluso chisporrotea por los restos de fertilizante.

Cómo se cura: hay que lavar abundantemente la tierra de las macetas para arrastrar todo el exceso de fertilizante. Se riega con al menos dos litros de agua por litro de tierra, aunque si el exceso de fertilizante es muy notable, puede ser necesario lavar la tierra dos o más veces. Cuando la tierra esté bien limpia, se abona moderadamente con un fertilizante completo con microelementos.

Carencia de nutrientes

Cómo se ve: las plantas adquieren un color verde claro y las hojas más viejas amarillean. El crecimiento se hace más lento o se detiene. Los síntomas son parecidos a los de una deficiencia de nitrógeno. Si está floreciendo, los cogollos son pequeños y no crecen.

Cómo se cura: fertilizar la tierra con un abono completo con microelementos. Las plantas de cannabis necesitan ser abonadas a menudo, pero con abonos suaves. En macetas, se puede regar con abono cada una o dos semanas. Si se usa el fertilizante muy diluido, se puede abonar con mayor frecuencia.

Exceso de riego

Cómo se ve: la tierra está siempre mojada y se ve con moho, o el tallo de la planta comienza a ponerse blando al nivel del suelo. El crecimiento se atrofia y las raíces crecen mal porque no tienen suficiente oxígeno. Las plantas pueden mostrar síntomas de deficiencias, como hojas que amarillean o que se mantienen flácidas, aunque la tierra esté húmeda.

Cómo se cura: las plantas necesitan un período seco entre dos riegos. No se debe regar hasta que la superficie de la tierra se haya secado. Si la mezcla de tierra utilizada se mantiene húmeda demasiado tiempo, se prepara una nueva mezcla con más perlita, vermiculita, arlita o arena que drene mejor y se seque antes. Si el tallo de la planta se ablanda, es que los hongos lo están atacando.

En este caso, hay que remover la tierra y mantenerla más seca y aireada.

Falta de riego

Cómo se ve: la planta crece poco. Cuando se va a regarla, tiene las hojas flácidas y mustias. La tierra se seca mucho entre riego y riego. Tiene pocas hojas y son pequeñas.

Cómo se cura: siempre que se riega una planta, hay que usar agua abundante. Con poco riego, parte de la tierra no se moja bien y las raíces sufren y mueren. La mejor forma de asegurarse de que toda la tierra de la maceta se moja es regar hasta que el agua comience a salir por los agujeros del tiesto. Si la tierra está tan seca que no empapa el agua, se pueden añadir unas gotas de jabón líquido biodegradable para vajillas en el agua de riego. Estos jabones contienen unos compuestos humectantes que ayudan a que el agua penetre en la tierra.

Falta de luz

Cómo se ve: las plantas crecen espigadas, estirándose en dirección a la luz. Se hacen larguiruchas, poco frondosas, con cogollos pequeños. En condiciones de poca luz, suelen salir muchos más machos.

Cómo se cura: hay que llevar las plantas a un lugar con más horas de sol o, si el cultivo es de interior, instalar más luces, más potentes o acercarlas a las plantas.

Sales acumuladas en las raíces

Cómo se ve: las plantas muestran deficiencias que no se corrigen cuando se abonan. Se ven restos secos de sales en los bordes de la maceta, en el plato donde reposa, en la tierra o en los tallos de las plantas. Las hojas se curvan hacia abajo como cuando padece un exceso de abono.

Cómo se cura: es éste uno de los problemas más comunes entre los cultivadores noveles. Cuando el riego es escaso y se fertiliza mucho, las sales que se acumulan en la tierra pueden llegar a paralizar a la planta. La solución pasa por lavar la tierra con mucha agua, cuanta más mejor. Si las sales se han ido acumulando a lo largo de varios meses, se lava la tierra al menos dos veces, con dos o tres litros de agua por litro de tierra. En el caso de que el problema persista, hay que lavar de nuevo la tierra. Una vez que la planta mejora, se vuelve a abonar otra vez, pero con fertilizantes muy diluidos. Como medida de prevención, es recomendable lavar la tierra cada cuatro o seis semanas durante toda la temporada de cultivo.

LAS PLAGAS EN EL CANNABIS

El cannabis es una especie muy resistente. La mayoría de plagas, si se tratan a tiempo, no son capaces de matar las plantas, aunque las debilitan mucho. El cultivador quiere, naturalmente, que sus plantas tengan el menor número de bichos y parásitos posible, pero tiene que tener mucho cuidado con qué productos pone en sus plantas, ya que luego se las fumará. Si se fumigan las plantas con insecticidas muy tóxicos, se corre el riesgo de dañar la salud al fumar esos cogollos con restos del veneno. Por esta razón, las plantas sólo se fumigan durante el período de crecimiento. Una vez que ha comenzado la floración y van naciendo los cogollos, no hay que fumigar con ningún insecticida. En cualquier caso, si es absolutamente necesario fumigar durante la floración, hay que encontrar un insecticida adecuado para el tratamiento de cosechas destinadas al consumo humano, de preferencia un insecticida ecológico.

En el caso de que se descubra que sólo una planta está afectada, lo mejor es apartarla del jardín antes de que la infección se extienda al resto. Lo mismo se aplica a cualquier planta que se pretenda introducir en el jardín proveniente de otro cultivo. Antes de hacerlo, es conviene someterla a cuarentena manteniéndola apartada al menos durante un par de semanas. En ese tiempo se podrá observar si hay algún insecto perjudicial viviendo en ella, actuar en consecuencia y no juntar esa planta con el resto hasta que no se tenga la seguridad de que la infestación ha sido eliminada.

No se deben fumigar las plantas con insecticidas una vez han comenzado a florecer porque podrían quedar restos tóxicos en los cogollos.

Después de revisar una planta con bichos, hay que lavarse a conciencia antes de tocar los ejemplares sanos para evitar infectarlos. La limpieza del jardín es fundamental para mantener las plantas sanas. Hay que retirar las hojas secas o dañadas por insectos y no dejar que la suciedad se acumule. Las herramientas se deben mantener limpias y lavarlas después de trabajar con una planta enferma o infestada por alguna plaga.

A continuación, comentamos de forma breve las características más importantes de las plagas más habituales en los cultivos de marihuana.

Araña roja

Es uno de los peores enemigos del cannabicultor. Son arañas muy pequeñas, de apenas un milímetro de largo. Suelen ser de color rojizo, marrón o negro cuando son adultas y medio transparentes de jóvenes. Chupan la savia de la planta y se reproducen de forma masiva. Si las condiciones ambientales son favorables, pueden reproducirse hasta cubrir la planta por completo en cuestión de días. Cuando la infestación es muy grave, se pueden ver las telarañas que envuelven los cogollos. Si no se controlan, las arañas rojas acabarán con la cosecha. En cultivos de interior, son temibles porque resulta muy difícil acabar con ellas, e incluso sobreviven de una cosecha para la siguiente.

Las arañas se descubren porque se ven pequeños puntitos amarillos en las hojas. Son los lugares donde el arácnido chupó la savia. Las arañas suelen estar en la cara inferior de las hojas, por lo que pueden pasar desapercibidas hasta que la infestación es muy importante.

La velocidad de reproducción viene dada por la temperatura. Cuanto más calor haga y más seco sea el ambiente, más rápido se reproducen. A 30 °C una araña puede dar lugar a trece millones de individuos en un mes.

Para controlar una plaga de araña, lo primero es separar las plantas más infestadas. Si es posible bajar la temperatura y elevar la humedad, se logrará reducir la tasa de reproducción de estos arácnidos. Se puede pulverizar la planta con agua a presión para eliminarlos. No desaparecerán todos, pero caerán muchos. El agua jabonosa también sirve, pero no se debe usar una vez que las plantas ya están floreciendo. La piretrina y el neem ayudan a prevenir su aparición, pero, una vez que la plaga está establecida, no suelen acabar con todas las arañas.

Las arañas rojas se reproducen a mucha mayor velocidad cuando el clima es seco y la temperatura elevada; con tiempo húmedo y frío comen y se reproducen más despacio.

En climas secos las arañas rojas constituyen el mayor peligro durante las últimas semanas de la floración. Si las plantas tienen araña roja y están tan cerca de la cosecha que ya no se pueden fumigar con ningún insecticida, hay que asegurarse al menos de que las plantas no se queden secas o las arañas aumentarán rápidamente. Si el ambiente es muy seco, se puede pulverizar algo de agua sobre las plantas para incrementar la humedad ambiental y dificultar la reproducción de las arañas, pero ojo, si las plantas están siempre mojadas, se enmohecerán.

Pulgón

Son insectos pequeños, de uno a tres milímetros, con cuerpo blando y colores verdes, amarillos o negros que se sitúan en los brotes jóvenes y forman densas colonias. Chupan la savia de la planta y la debilitan. Además, segregan un líquido blanco y pegajoso que favorece la aparición de hongos. Las hormigas tienen rebaños de pulgones a los que ordeñan y a los que trasladan a nuevas plantas para colonizarlas. Aunque el pulgón no suele matar a las plantas de cannabis, las debilita bastante, impide un crecimiento y floración correctos y puede provocar que salgan hongos. Las hojas atacadas se retuercen si son grandes y se deforman si son pequeñas. El pulgón se puede reproducir a los seis días de nacer. De hecho, pueden nacer con embriones ya formados en su interior.

Para combatirlo, lo primero que hay que hacer es buscar si hay hormigas. Si las hay, se eliminan con un cebo para hormigas. Los pulgones se pueden retirar de la planta con una esponja y agua jabonosa, un aerosol con agua jabonosa o un insecticida. El agua jabonosa no acaba con todos los pulgones, pero es una medida no tóxica que dejará la planta bastante libre de atacantes. Si las plantas no están en floración, se puede fumigar cada dos o tres días. La piretrina es un buen insecticida que acaba con los pulgones al igual que con la mayoría de plagas y que no resulta tóxico para los mamíferos. Se extrae de los crisantemos y se puede encontrar en aerosol, en líquido y en polvo. Otro buen sistema de controlar las plagas consiste en favorecer a los insectos predadores. Por ejemplo, las mariquitas comen pulgones vorazmente. Se pueden recoger mariquitas y colocarlas sobre las plantas. En algunas tiendas de cultivo es posible adquirir insectos predadores.

Orugas

Varias especies de orugas atacan al cannabis. De ellas, las más temibles son las del género *Spodoptera*, que se comen las hojas y los cogollos causando graves daños. Nacen en la misma planta a partir de los huevos que ponen las mariposas. Al principio son tan pequeñas que casi no se ven, pero en unas semanas pasan de medir tres o cuatro milímetros a alcanzar más de cuatro o cinco centímetros. Cuando son grandes, devoran gran cantidad de hojas y, lo que es peor, se comen el cogollo por dentro, de modo que cuando se cosecha se deshace entre las manos. Un problema añadido a los destrozos que ocasionan es la facilidad con que los cogollos se enmohecen cuando tienen orugas. La forma más efectiva de eliminarlas es a mano, cogiéndolas una por una. Hay que ser muy meticuloso porque una sola oruga que quede puede destrozar el cogollo. Lo mejor es inspeccionar los cogollos uno a uno, abriéndolos bien para mirar en su interior. Una pista para

Las orugas devoradoras de cogollos son la plaga más peligrosa en el cultivo de exterior y pueden destrozar una planta en pocos días.

descubrir dónde están las orugas son los pequeños excrementos negros que dejan sobre las hojas. La oruga suele estar escondida en el cogollo que hay justo por encima de la hoja con excrementos. Cuando las orugas son pequeñas, se pueden pulverizar las plantas con BT *(Bacillus thuringiensis)*, un microorganismo que infecta a las orugas y las mata. Sin embargo, con las orugas adultas surte mucho menos efecto.

Algunos gusanos hacen un agujero en el tallo y se lo van comiendo desde dentro. Si se ve un agujero de este gusano, hay que localizar al bicho y hacer un corte en el tallo para sacarlo. Luego se cierra la herida con cera o con cinta y se refuerza el tallo con un tutor.

Trips

Los trips son unos pequeños insectos que pueden medir entre medio y tres milímetros, y forma alargada. Fueron introducidos en España en la década de 1980 y atacan a numerosas especies. Suelen ser de color marrón o gris. Chupan la savia y transmiten numerosos virus a las plantas.

Mosca blanca

Estos pequeños insectos de color blanco y apenas dos milímetros se posan en la cara inferior de las hojas y chupan su savia. Se ven porque cuando movemos las hojas, sale volando una pequeña nube de moscas blancas. Ponen huevos blancos en la cara inferior de las hojas. El ciclo vital de la mosca blanca está directamente relacionado con la temperatura. A 12 °C una mosca adulta vive más de sesenta días; a 30 °C, menos de siete. Cuando la temperatura es más alta, están más ágiles y despiertas, pero cuando hace frío, se las puede coger con facilidad. Al igual que el pulgón, no suele matar las plantas, aunque las debilita y favorece la aparición de hongos. Cuando no hay muchas, se pueden quitar a mano, también se pueden pulverizar con piretrinas o con un insecticida casero. En las tiendas de cultivo venden trampas amarillas pegajosas que las atraen y las atrapan. Son efectivas y muy útiles. Es muy común dentro de invernaderos.

Cochinillas

Las cochinillas atacan fundamentalmente los tallos. Son más o menos redondas u ovaladas y están cubiertas por una especie de concha de color marrón o rojizo. Segregan una sustancia algodonosa. Durante su juventud se mueven, pero cuando llegan a adultas se quedan fijas en un lugar del tallo. Se reproducen mucho, pero su desarrollo es lento, por lo que la plaga no se extiende con rapidez. La planta se debilita y es posible que se sequen algunas ramas. Pueden arrancarse con las uñas o con un algodón empapado en alcohol. Los insecticidas caseros elaborados con ajo y guindilla suelen ir bastante bien.

Cochinillas lanosas

Son insectos de color claro que excretan una sustancia blanca y algodonosa. Suelen vivir en la cara inferior de las hojas y en las uniones de las ramas y el tallo. Chupan los jugos de las plantas. Es una plaga que se reproduce más lentamente que la mayoría. Cada generación tarda un mes o más.

Una infección ligera puede eliminarse con una esponja. También se pueden matar con un algodón empapado en alcohol. Si la plaga es más seria, usaremos agua jabonosa o piretrina.

Caracoles y babosas

Los caracoles y las babosas son grandes herbívoros. En una noche pueden acabar con una coscecha entera, sobre todo si las plantas son jóvenes. En plantas pequeñas se comen el tallo y las matan rápidamente. Se controlan con facilidad esparciendo cebo para caracoles alrededor de las plantas. Es importante renovar el cebo periódicamente. Otro sistema efectivo es trazar con ceniza de madera un anillo alrededor del tronco de las plantas. Como los caracoles y las babosas no pueden caminar sobre la ceniza, se mantienen alejados. (Hay que renovar la ceniza después de cada lluvia.) Una trampa sencilla para los caracoles consiste en un recipiente lleno de cerveza que se coloca semienterrado para que esté al nivel del suelo, la cerveza los atrae y se ahogan en ella.

Los caracoles se comen el tallo de las plántulas recién germinadas, pero se combaten fácilmente con cebo de formaldehído.

Minador de hoja

Es un insecto que vive en el interior de las hojas donde va excavando túneles o galerías hasta acabar matando la hoja. Resulta más común en cultivo exterior o invernaderos que en cultivo interior. No suele ser muy destructivo para la cosecha, pero conviene eliminar las hojas infectadas o matar a los minadores chafándolos entre los dedos. Como viven dentro de la hoja, la mayoría de los productos pulverizados no les afectan. El aceite de neem, disuelto en el agua de riego, se absorbe por las raíces y pasa a los tejidos de la planta, de modo que los minadores se envenenan al comer.

Hongos

Los cogollos engordan mucho durante la floración y se vuelven tan densos que el aire no circula bien por su interior. Si llueve o el tiempo es muy húmedo, los cogollos permanecen mojados y el viento no los seca. En estas condiciones los hongos proliferan muy rápidamente y pueden acabar con la planta en pocos días. La mejor forma de luchar contra los hongos es eliminar todo el material infectado tan pronto como se vea. Para asegurarse, muchos cultivadores cortan por lo sano y cosechan la planta entera en cuanto descubren algún cogollo con moho.

Los hongos, especialmente el moho gris o botritis, son muy peligrosos en climas húmedos; en cuanto se descubre un cogollo infectado hay que cortarlo y revisar el resto de las plantas por si están afectadas.

Moho gris *(Botrytis cinerea)*

La botritis es el hongo más común y peligroso en los cultivos de cannabis. En las últimas semanas antes de la cosecha, cuando los cogollos alcanzan su máximo grosor, el ataque de la botritis se convierte en un gran peligro, sobre todo en zonas húmedas. Si los cogollos permanecen mojados durante varios días, aparecerá botritis en forma de moho marrón y algodonoso. Una vez que empieza el ataque, y si las condiciones meteorológicas no varían, la botritis destruirá el cogollo completo en unos pocos días. La prevención es la mejor arma para evitar su ataque; hay que pulverizar infusión de cola de caballo, azufre o jabón potásico. Una vez que aparece, es muy difícil de erradicar y los cultivadores suelen o bien cosechar la planta en cuanto tiene algún crecimiento de botritis, o bien recortar toda la parte infectada y tratarla con un fungicida.

Fusarium

Es un hongo que penetra en el tallo y lo obstruye por dentro causando que la rama o la planta entera se seque. Las ramas afectadas tienen el interior del tallo de color marrón rojizo. Es más común en invernaderos y en cultivos de interior con temperaturas muy altas, y es difícil de combatir una vez que aparece. Lo mejor es usar tierra nueva en cada cosecha, intentar evitar las altas temperaturas, especialmente en las raíces y el agua de riego, y, si hubo *Fusarium* en anteriores cosechas, limpiar a fondo el cultivo con lejía y tratar las semillas con un fungicida antes de germinarlas.

Oídio o mal blanco

El oídio es un hongo que se caracteriza por un crecimiento de color blanquecino y polvoriento sobre las hojas. Es una plaga clásica en otros cultivos como la vid, pero en los últimos años se ve en jardines cannábicos. Normalmente, aparece en primaveras húmedas y en pleno verano desaparece, salvo de las zonas más húmedas, frescas y sombrías. Y aunque es un hongo que no es difícil de eliminar cuando está establecido al crecer sobre la superficie de las hojas sin penetrar en los tejidos, siempre es mucho mejor prevenir su aparición fumigando jabón potásico, azufre o infusión de cola de caballo.

Mildiu

Este hongo produce manchas en las hojas que, primero, son de color amarillento, y luego, marrones o parduscas. En la cara inferior de la hoja, coincidiendo con las manchas de la cara superior, se observa un crecimiento mohoso blanco. Ello ocurre cuando las plantas están mojadas, las temperaturas son relativamente altas y hay poco viento. Una vez que aparece es muy difícil de erradicar sin usar fungicidas químicos, por lo que conviene prevenir con fungicidas ecológicos como la infusión de cola de caballo, el jabón potásico o el azufre.

INSECTICIDAS Y FUNGICIDAS

Los insecticidas son preparados que matan a los insectos y otros pequeños bichos que se alimentan de las plantas. Los fungicidas se ocupan de matar los hongos y mohos que atacan al cannabis. Es recomendable elegir siempre insecticidas para plantas comestibles, y evitar los insecticidas para plantas ornamentales, que son muy tóxicos y permanecen largo tiempo en las hojas. Los insecticidas para frutas o verduras se descomponen con rapidez y no son tóxicos para las personas. En cualquier caso, no hay que pulverizar nunca insecticidas durante la floración, al menos las últimas seis semanas. Cualquier producto que se eche sobre los cogollos acabará en los pulmones cuando se consuman.

Los insecticidas caseros, el aceite de neem, las piretrinas y el jabón para horticultura, siempre que se respeten escrupulosamente los plazos de seguridad, son los más inofensivos para las personas y los únicos que se deben usar en floración. En las tiendas especializadas en cultivo de cannabis, se pueden encontrar diversos insecticidas orgánicos específicos para este tipo de plantas.

La mayoría de las plagas se reproduce cada pocos días. Los insecticidas no suelen matar los huevos que aún no han nacido, por lo que resulta imprescindible pulverizar varias veces para ir matando los nuevos individuos que nacen. Lo habitual es fumigar cada cinco días más o menos, y preferiblemente siempre protegidos con mascarilla, gafas y guantes.

Insecticidas y fungicidas de síntesis

Son los insecticidas químicos elaborados por laboratorios que se usan habitualmente en la agricultura tradicional. Suelen ser tóxicos para el medio ambiente y no conviene aplicarlos sobre las plantas de cannabis, ya que se desconoce cuál puede ser el efecto de fumarse los restos que quedan en los cogollos. En caso de emplearse, es imprescindible respetar las dosis, forma de aplicación y plazos de seguridad indicados en la etiqueta y evitar aplicarlos durante la floración de las plantas.

Insecticidas y fungicidas biológicos

Los insecticidas y fungicidas biológicos o ecológicos se elaboran a partir de productos naturales como extractos de plantas, jabones, aceites, etc. Son los únicos que se deben usar en el cultivo de cannabis. Algunos de los más efectivos son los elaborados con pelitre, aceite de neem, jabón o tabaco.

El aceite de neem, el jabón insecticida, las piretrinas y el BT son algunos de los insecticidas más seguros e inocuos para usar en el cultivo de cannabis.

Aceite parafínico

Este aceite es un insecticida y acaricida de contacto que cuando se fumiga sobre las plagas las recubre con una capa impermeable que les impide respirar. Contra cochinilla, pulgón, mosca blanca y araña roja. Completamente inocuo para las personas y los animales.

Azufre

Este elemento químico es un fungicida y acaricida tradicional. Previene los hongos más comunes, especialmente el oídio y la botritis, y ayuda a combatirlos. Existen diversas formulaciones para espolvoreo y fumigación. Es muy poco tóxico para mamíferos, peces, aves e insectos beneficiosos. No es efectivo por debajo de 10 °C y puede provocar quemaduras en las plantas cuando la temperatura supera los 30 °C. Es incompatible con los aceites, que no se deben utilizar ni tres semanas antes ni hasta tres semanas después de la aplicación del azufre.

Bacillus thuringiensis

Esta bacteria produce una toxina que destruye el sistema digestivo de los insectos y los mata. Hay variedades adecuadas para eliminar distintos tipos de insectos, pero las más frecuentes son la variedad *Kurstaki* y la variedad *Aizawai*, que se usan contra las orugas. Es mucho más efectiva contra los individuos jóvenes e inmaduros que contra los adultos, por lo que conviene fumigar periódicamente de forma preventiva. Es la mejor arma que existe contra las orugas de los cogollos, y si se usa cada semana desde que las plantas son jóvenes, elimina casi completamente el problema.

Cobre

El cobre se utiliza como fungicida preventivo y curativo desde hace más de un siglo. En 1880 dos químicos de la región de

Burdeos inventaron el «caldo bordelés», una mezcla de sulfato de cobre y cal muerta que fue el primer fungicida realmente efectivo para el tratamiento de los hongos de las viñas. Las propiedades fungicidas del cobre combaten con eficacia mildiu, roya y botritis. Hay formulaciones que se espolvorean y otras se pueden mezclar con agua para fumigar.

Cola de caballo *(Equisetum arvense)*

Esta planta es una muy buena aliada del cultivador ecológico por sus propiedades fungicidas. Contiene gran cantidad de silicio que refuerza las paredes celulares de las plantas impidiendo que los hongos se asienten. También contiene equisetonina, una saponina tóxica para los hongos. Es un fungicida potente y buen preventivo contra botritis, oídio o mildiu. Se puede comprar el extracto o elaborarlo en casa. Hay que macerar un kilo de cola de caballo fresca en diez litros de agua durante veinticuatro horas. Pasado este tiempo, se hierve veinte minutos y después se filtra. Este preparado se disuelve en cuatro partes de agua y se pulveriza sobre tallos y hojas. Como preventivo, conviene fumigarlo cada semana, y si los hongos ya se han instalado y se usa como curativo, hay que aplicarlo dos veces por semana.

Cuasia

La cuasia o palo de cuasia *(Quassia amara)* es un arbolito originario de Guayana del que se obtiene un extracto con propiedades insecticidas de amplio espectro. Es tóxico para los insectos por contacto e ingestión. Fortalece sistémicamente a las plantas contra las plagas (pulgón, mosca blanca, minadores, araña roja, trips, orugas y cochinillas). Es inocua para los mamíferos, las abejas y las mariquitas.

La cuasia es muy amarga y persistente, por lo que conviene fumigarla sobre frutos comestibles o, como en el caso de los cogollos de cannabis, fumables. Se puede usar durante la fase de crecimiento, cuando aún no hay cogollos, pero no conviene fumigar cuasia durante la floración. Se fumiga cada una o dos semanas.

Jabón potásico de ácidos grasos

Es un jabón suave hecho a partir de ácidos grasos vegetales. Es un buen insecticida de contacto que ataca la capa protectora de los insectos. Actúa tanto de forma preventiva como curativa y es de los pocos productos que se pueden fumigar sobre el cannabis hasta el final de la floración, ya que no es tóxico y el plazo de seguridad entre aplicación y cosecha es nulo. Se usa contra pulgón, mosca blanca, araña roja y trips. Como fungicida eleva el pH de las hojas y dificulta que los hongos se instalen. Es efectivo contra botritis, oídio, mildiu. Conviene usarlo semanalmente porque su eficacia es mayor como preventivo. Hay que aplicar de nuevo después de cada lluvia, ya que se lava de las hojas. No hay que aplicarlo a pleno sol.

Neem

El neem o nim se extrae de las hojas y las semillas del árbol de neem, *Azadirachta indica*, también conocido como margosa o lila india. Las propiedades insecticidas y repelentes del neem son muy interesantes. Más que como un tóxico, el extracto de neem actúa como antialimentario e inhibidor del crecimiento, disminuye la fertilidad y la puesta de huevos de los insectos. El principal principio activo con propiedades insecticidas es la azadiractina, un limonoide muy poco tóxico para los mamíferos que además es biodegradable. Contiene otros compuestos con propiedades insecticidas como meliantriol, salannina, nimbina y nimbidina. Las propiedades de estos compuestos se deben a su parecido con las hormonas de los insectos. Los bichos los absorben como si fueran hormonas reales y bloquean su sistema endocrino. El neem interfiere en el ciclo vital de los insectos y elimina de forma preferente a los individuos inmaduros. Los insectos dejan de alimentarse de inmediato y mueren lentamente. Es muy efectivo contra orugas, mosca blanca, cochinillas, minadores, mosquitas de la tierra, trips y escarabajos. Es menos efectivo contra saltamontes y áfidos o pulgones. No afecta a la mayoría de los insectos beneficiosos ni a pájaros o peces.

Cuando se mezcla con el agua de riego, actúa como insecticida sistémico, las plantas lo absorben por las raíces y lo distribuyen por todos sus tejidos, donde permanece hasta un mes sin degradarse. En cambio, cuando se fumiga, actúa más como insecticida de contacto e ingestión y se degrada mucho antes, ya que sólo permanece activo entre cuatro y ocho días. Para evitar su rápida degradación por la luz solar, conviene fumigar al atardecer para que pueda actuar durante toda la noche antes de empezar a descomponerse. El neem es mucho más efectivo en climas cálidos que en zonas frías, donde sus efectos son mucho menores.

La dosis de uso oscila entre dos y cinco por mil. Es decir, de dos a cinco mililitros por litro. Si se usa como preventivo, basta con añadirlo en el agua de riego cada dos semanas, pero cuando se fumiga para acabar con una plaga, se suele repetir la aplicación cada cinco-siete días. En tiempo lluvioso se puede fumigar a diario, ya que la lluvia tiende a lavar el neem de las hojas.

En los países donde no hay árboles de neem se suele importar aceite porque es más concentrado y fácil de trasportar, pero quien tenga acceso a uno de estos árboles puede preparar su propio insecticida macerando durante una noche un kilo de hojas en cinco litros de agua. Por la mañana se machacan las hojas para que suelten los principios activos y se filtra el líquido.

A este extracto se le añade un poco de jabón potásico (se vende en tiendas de cultivo como insecticida) para ayudar a emulsionar el aceite de neem y se fumiga sobre las plantas.

Piretrinas

Son unos compuestos orgánicos con propiedades insecticidas que se encuentran en las flores del piretro o pelitre, *Chrysanthemum cinerariaefolium*. Las propiedades insecticidas del pelitre eran conocidas en China desde el año 1000 a.C. En las últimas décadas se han desarrollado numerosas moléculas sintéticas similares a las piretrinas que se denominan piretroides. Al contrario que las piretrinas, los piretroides no están autorizados en agricultura ecológica y suelen ser más tóxicos para los insectos y para los mamíferos. Las piretrinas actúan por contacto e ingestión contra un gran número de plagas como mosca blanca, araña roja, orugas o pulgón. Son bastante seguras para las personas y no dañan a los mamíferos ni a los pájaros, pero son tóxicas para insectos beneficiosos, peces y anfibios. La exposición prolongada a las piretrinas puede causar alergias, picores, dolores de cabeza o dificultades respiratorias, especialmente en niños o personas débiles.

La degradación de las piretrinas es muy rápida en contacto con la luz y el aire, normalmente ocurre en menos de veinticuatro horas, pero suele formularse con otros productos para alargar su vida activa. Conviene siempre fumigar por la tarde y nunca a pleno sol.

Propóleo

Ésta es una sustancia que las abejas recolectan de las yemas de los árboles y convierten en un antibiótico con el que recubren la colmena para protegerla del ataque de hongos, virus y bacterias. Tiene propiedades fungicidas, bactericidas y bacteriostáticas. Estimula el sistema inmunológico y defensivo de las plantas. Es un buen preventivo contra el ataque de hongos.

Rotenona

Este compuesto, que se extrae de plantas leguminosas tropicales como *Derris elliptica, Loncho carpus spp., Terphrosia spp.* y otras especies, es un insecticida de amplio espectro que actúa por contacto e ingestión. Tiene una acción relativamente lenta y los insectos pueden tardar en morir, pero su efecto mejora si se mezcla con piretrinas. Tarda en descomponerse entre tres y siete días. Se usa contra orugas, escarabajos, trips, pulgones y arañas rojas.

La rotenona está permitida en agricultura ecológica, pero es un producto tóxico para las personas que se debe manejar con mucho cuidado. La exposición repetida puede causar daños al hígado, los riñones o incluso provocar la enfermedad de Parkinson. Se trata de un compuesto muy tóxico para las abejas y la fauna acuática; se ha usado tradicionalmente para pescar envenenando a los peces.

Ryania

Se extrae de las raíces y los tallos de *Ryania speciosa,* una planta nativa de Sudamérica. Contiene rianodina, un alcaloide efectivo contra distintos insectos. Es un insecticida de contacto de amplio espectro. Resulta moderadamente tóxica para mamíferos, peces y pájaros. Funciona mejor en clima cálido.

Insecticidas caseros

Estos insecticidas no lo matan todo, ni acaban con las plagas inmediatamente. Sin embargo, ayudan a controlarlas y, como no son tóxicos, pueden usarse incluso en floración, aunque conviene pulverizar la planta con agua sola unos días después de poner el insecticida para lavar los restos de las hojas. También funcionan como preventivos, ya que su olor repele a los bichos. Es recomendable pulverizar siempre primero unas pocas hojas y esperar un día para ver si la planta aguanta el insecticida o no. Si es demasiado fuerte, se pueden diluir con más agua.

Tabaco, ajo, guindilla y cebolla

Se mezclan junto con dos o tres litros de agua unos dientes de ajo, un poco de pimienta, alguna guindilla, una cebolla y dos o tres cigarrillos. Se bate todo bien y se deja reposar un día. Se puede añadir algo de jabón para mejorar la efectividad. Después se filtra y se pulveriza sobre las plantas. Este preparado va especialmente bien contra pulgones, araña roja y mosca blanca

Tintura de ajo

Se trituran cinco o seis ajos con la batidora en medio litro de agua, se filtra y se le añade medio litro de alcohol. Se utiliza pulverizándolo sobre la planta contra pulgones, arañas rojas y gusanos.

El ajo, el tabaco, las guindillas, la pimienta y el jabón se encuentran en todas las casas y tienen propiedades insecticidas.

Agua de tabaco

Se macera en un litro de agua el tabaco de diez cigarrillos o de dos puros, se le añade un poco de jabón y se fumiga sobre las plantas contra pulgones, gusanos y cochinillas.

Tabla de insecticidas y fungicidas ecológicos

Nombre	Propiedades	Aplicaciones
Aceite parafínico	Insecticida y acaricida de contacto	Cochinilla, pulgón, mosca blanca y araña roja
Azufre	Fungicida y acaricida de contacto	Oídio, botritis, araña roja
Bacillus thuringiensis	Insecticida por ingestión	Orugas
Cobre	Fungicida de contacto	Mildiu, roya, botritis
Cola de caballo	Fungicida	Botritis, oídio, mildiu
Cuasia	Insecticida de amplio espectro por contacto, ingestión y sistémico	Pulgón, mosca blanca, minadores, araña roja, trips, orugas, cochinillas
Jabón potásico	Fungicida e insecticida de contacto	Mosca blanca, pulgón, araña roja, cochinilla, botritis, mildiu
Neem	Repelente e insecticida de contacto y sistémico	Pulgón, mosca blanca, araña roja, minadores, trips
Piretrinas	Insecticida de contacto y amplio espectro	Mosca blanca, araña roja, orugas, pulgón, cochinillas, trips
Propóleo	Fungicida y bactericida	Hongos
Rotenona	Insecticida de contacto y amplio espectro	Orugas, escarabajos, trips, pulgones y arañas rojas.
Ryania	Insecticida de contacto y amplio espectro	

9

Elaboración de derivados: hachís y aceite

A lo largo de la historia, la humanidad ha inventado diversas formas de concentrar los principios activos del cannabis para conservarlos durante más tiempo, reducir su volumen y facilitar su transporte. El más común de estos productos concentrados es, sin duda, el hachís, elaborado desde hace siglos con distintas técnicas en numerosos países. Otras preparaciones fáciles de hacer son el aceite y la tintura de cannabis, esta última usada hasta hace relativamente poco como medicamento farmacéutico. Una preparación muy popular entre los usuarios medicinales de hoy en día es la mantequilla de cannabis y, desde no hace mucho, el aceite de oliva con cannabis.

La manera más sencilla de elaborar hachís consiste en frotar los cogollos frescos entre las palmas de las manos, la resina se adhiere a la piel y luego sólo hay que rascarla y amasarla hasta formar una bolita.

HACHÍS

El hachís es la resina prensada de la planta del cannabis. Desde hace siglos, culturas más cannábicas que la nuestra se dedican cada año a extraer por medio de técnicas depuradas a lo largo de generaciones, las glándulas de resina que cubren las flores hembra de la marihuana. El hachís se inventó como una forma de almacenar y conservar el cannabis. Ocupa mucho menos espacio que la marihuana y concentra sus efectos. Las cuturas que hacen hachís suelen encontrarse en zonas áridas con poca humedad ambiental donde resulta fácil secar bien las plantas para poder extraer la resina. Las plantas suelen tener mucha resina y, una vez secas, se pasan por un tamiz para separar la materia vegetal de la resina. Ésta es la técnica más habitual para hacer hachís.

En las zonas tropicales, más húmedas, no suele fabricarse hachís por dos razones. Por un lado, el buen clima permite que haya plantas en floración durante todo el año, por lo que siempre hay un suministro constante de marihuana fresca. Por otra parte, el clima húmedo del trópico impide secar bien la hierba y extraer la resina.

En algunas zonas como Nepal o la India, donde se cultivan variedades sativas poco apropiadas para hacer hachís tamizando los cogollos, se produce charas, que es un hachís extraído de las plantas vivas frotando los cogollos entre las manos. La resina que queda pegada a las manos se rasca y forma el hachís. En tiempos clásicos, la resina para charas se recogía en ocasiones corriendo entre las plantas vestidos con trajes de cuero. La resina se pegaba al cuero, de donde luego se extraía. El *charás* es un hachís muy cerebral y activo porque se forma con resina en maduración, muy baja en los cannabinoides cannabidiol (CBD) y cannabinol (CBN), que son los responsables del efecto narcótico del hachís extraído tamizando el cannabis.

Aparte de estos dos métodos clásicos de fabricación de hachís consistentes en tamizar el cannabis seco o frotar los cogollos frescos, hay otra técnica, desarrollada mucho más recientemente que extrae la resina por medio del agua. A principios de la década de 1980, un californiano llamado Sadu Sam desarrolló, a partir de una idea de Neville, famoso criador de semillas de cannabis, una técnica para extraer la resina en un baño de agua. El sistema se basa en una peculiar propiedad de las glándulas de resina: no flotan en el agua. Si se introduce cannabis seco y troceado en agua, las glándulas de resina caen al fondo, mientras que los restos vegetales, como trocitos de hoja, tallos o estigmas, quedan flotando en la superficie y se pueden retirar fácilmente. La técnica es bien sencilla y permite obtener resina de gran pureza. Algunos inventos como el Baba Bob Aqua-X-Tractor o el Ice-O-Lator están basados en este principio.

Tamizando los cogollos secos

La técnica se basa en el principio de separar las glándulas de resina del resto de la planta atendiendo al tamaño de las partículas. Los cogollos se agitan, golpean o desmenuzan sobre un tamiz fino que deja pasar las glándulas de resina, pero retiene los trozos de hojas y tallos de tamaño mayor. La resina que atraviesa el tamiz es muy pura, puesto que sólo está contaminada con algunos trocitos de materia vegetal de tamaño igual o menor que las glándulas.

La separación de la resina con un tamiz se basa en que las glándulas son más pequeñas que la mayoría de los trozos de planta. Para lograr extraer las glándulas de resina sin que se contaminen con demasiados restos vegetales, es primordial usar un cedazo del tamaño justo. Los poros del tamiz deben permitir que pasen las glándulas de resina maduras y detener las partículas de mayor tamaño. Obviamente, si los agujeros del tamiz son mucho más grandes que las glándulas, no sólo lo atravesarán las partículas del mismo o menor tamaño que las glándulas, sino también trocitos mayores que reducirán pureza de la resina. Aún peor sería usar un tamiz demasiado pequeño, ya que las glándulas no lo atravesarían y sólo se lograrían recoger algunas glándulas inmaduras.

Hachís al agua

La extracción con agua es fácil y barata. Se utiliza un recipiente alto o una jarra y se pone la hierba bien desmenuzada en el fondo. No hay que llenar más de un cuarto de la jarra de hierba. Se añade agua muy fría (normalmente mezclada con cubitos de hielo) hasta llenar la jarra y se agita o remueve insistentemente para que toda la hierba quede bien mojada. Se deja reposar la jarra durante diez minutos y las glándulas de resina van cayendo al fondo mientras la materia verde flota.

Con cuidado de no agitar el fondo, se quita toda la materia vegetal que flota y se aparta. Se puede repetir el proceso de nuevo con el mismo material para extraer lo que quede. En la jarra queda ahora un poco de agua y la resina en el fondo. Se toma un filtro de papel para cafetera y se vierte el agua a través de él para que la filtre y recoja la resina, que se debe secar muy bien para evitar que se estropee y enmohezca. Para ello se dobla el filtro de café y se prensa ligeramente la resina. A continuación, se envuelve el filtro, con la resina dentro, en papel de cocina, para que vaya absorbiendo la humedad. Cuando el papel ya no absorba más agua, se saca la resina del filtro rascándola con una cuchara. Hay que dejar-

El hachís al agua suele ser muy puro y potente, ya que prácticamente es resina pura, sin polvo ni partículas vegetales.

la al aire en un sitio seco y cálido hasta que se seque del todo o bien trabajarla y amasarla entre las manos con el mismo propósito. De este modo también se secará, pero habrá que amasarla sin parar hasta que esté completamente seca.

La prensa

El prensado de la resina de cannabis supone el último y definitivo paso en la fabricación del hachís. Después de la extracción de la resina en crudo hay que prensarla para que se conserve mejor, ocupe un menor volumen y sea fácil manejarla sin que se derrame o se pierda. La resina de cannabis sin prensar es un polvo muy fino, difícil de transportar y conservar sin que se deteriore o se contamine con polvo u otras sustancias. Si se rompe el recipiente que la contiene, se derrama y se pierde con mucha facilidad; además, si el clima es húmedo, le atacan enseguida los hongos. Su volumen es mucho mayor que el de

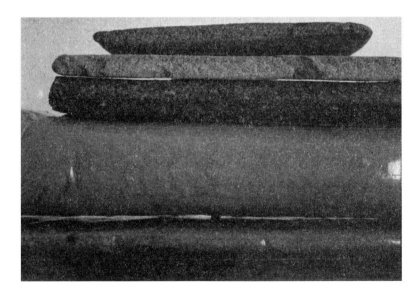

Figura 12. Hachís de autocultivo prensado y sin prensar.

la resina prensada, por lo que no interesa transportar la resina sin prensar.

Al prensar la resina, se expulsa todo el aire que contiene y se forma una capa exterior firme y sin grietas que protege el interior del ataque de la luz, el aire y los hongos. El volumen de la resina se reduce en un 30 por ciento respecto a la misma resina apelmazada, pero sin prensar. Durante el prensado, se rompen algunas glándulas de resina que esparcen su pegajoso contenido y, a modo de cemento, pegan las glándulas entre sí. La resina forma entonces una masa compacta que no se deshace fácilmente y se puede conservar durante largo tiempo: el hachís.

El prensado de la resina se puede hacer a mano o con una prensa mecánica. El prensado manual es el que logra una mayor calidad de hachís, pero sólo resulta adecuado para pequeñas cantidades y da mucho trabajo, mientras que el prensado mecánico resulta menos trabajoso y permite prensar grandes cantidades de resina en poco tiempo. La resina se endurece con el frío y se ablanda y funde con el calor. Es más fácil prensar la resina en caliente, pero no hay que pasarse al calentarla, ya que el tetrahidrocannabinol (THC) se degradaría y el hachís se volvería reseco y quebradizo.

> *Nunca se debe prensar la resina si no está completamente seca, o el hachís se enmohecerá.*

Sistemas caseros usados para elaborar hachís

Un sistema muy sencillo consiste en hacer vibrar o golpear ligeramente las plantas sobre una mesa u otra superficie lisa. Si el material está bien seco, las glándulas de resina maduras son las primeras en desprenderse formando una capa sobre la superficie de la mesa. Las primeras glándulas en caer no estarán muy contaminadas con restos vegetales, pero al continuar golpeando cada vez caerán más. Este procedimiento no tamiza la hierba; se trata sólo de golpearla de forma suave para que caiga la resina. Antes de que se pulverice la planta, se detiene el proceso y se recoge la resina de la mesa. Cuanto más ligera sea la vibración transmitida a las plantas, más pura resultará la resina. Se puede perfeccionar algo este sistema purificando la resina a través de un colador de cocina. No se limpiará demasiado, pero al menos se eliminarán los restos vegetales de mayor tamaño.

Con la ayuda de una bandeja de aluminio con tapa o dos bandejas y unas gomas elásticas también se puede fabricar hachís. Se desmenuzan de diez a veinte gramos de cannabis y se ponen en una de las bandejas, se usa la otra como tapa y se fija todo con unas gomas elásticas. El siguiente paso consiste en agitar las bandejas durante veinte segundos para que las glándulas se desprendan de la superficie de hojas y flores. Antes de abrir la tapa, se deja reposar un poco para que la resina se asiente. Al abrir, se da la vuelta a la tapa y en su interior se encontrará una fina capa de glándulas de resina casi puras. Hay que recoger la resina con una tarjeta y repetir el proceso una y otra vez hasta que toda la resina haya sido extraída. Lógicamente, las primeras glándulas que se obtienen son las más puras, mientras que las últimas están más contaminadas con materia vegetal pulveri-

Los cultivadores aprovechan las hojas con resina que cortan durante el manicurado de las plantas para elaborar hachís y otros derivados del cannabis como aceite o mantequilla cannábicos.

zada. Este sistema tiene la ventaja de que las glándulas se adhieren mucho mejor a la tapa que la materia vegetal, que suele acabar en el fondo de la bandeja. La resina extraída con el sistema de bandejas suele ser muy pura, aunque el proceso es extremadamente lento y laborioso.

ACEITE DE CANNABIS

El aceite de cannabis es un extracto que se obtiene macerando las plantas secas en alcohol para que la resina se disuelva. A continuación se filtran los restos vegetales y se evapora el alcohol completamente hasta dejar sólo la resina. Aunque es menos común, se puede obtener aceite de cannabis con otros disolventes como la acetona o el gas butano, pero los procedimientos son más complejos y peligrosos.

El alcohol más adecuado para hacer aceite es el alcohol etílico al 96 o 99 por ciento. Es caro y difícil de encontrar, pero da los mejores resultados. El alcohol de farmacia también es etílico de 96°, pero lleva un compuesto añadido para darle mal sabor que puede pasar al aceite y estropear su sabor. Lo que no se puede usar de ninguna manera por ser muy venenoso es el alcohol de quemar o alcohol metílico.

Se introduce la marihuana troceada (algunos recomiendan molerla en un polvo fino) en un frasco y se echa alcohol hasta que la cubra. Se cierra bien el bote y se deja macerar la mezcla de una a tres semanas en un lugar oscuro y fresco, agitando el frasco de vez en cuando. Ésta es la receta clásica, pero se puede reducir el período de maceración. El mejor aceite se hace dejando los cogollos en maceración durante unos minutos. Sale muy poca cantidad, pero de una calidad muy buena. Cuanto más tiempo se deja el alcohol en contacto con el cannabis, más cannabinoides se obtienen, pero, junto con ellos, se extrae también la clorofila, que manchará el aceite de verde y empeorará el sabor.

Pasado el tiempo de maceración, se filtra el líquido a través de una tela. El alcohol tendrá un color verde oscuro. Se vierte en un recipiente amplio y poco profundo, sin tapar, y se deja al aire hasta que el alcohol se haya evaporado completamente. El olfato indica si ya se ha evaporado todo; mientras huela a alcohol significa que no está listo.

Conforme va perdiendo líquido, el extracto se vuelve más espeso. Cuando deja de oler a alcohol, se recoge con una espátula todo el residuo del fondo del recipiente. Este residuo pringoso, de color verde muy oscuro, es el aceite de cannabis. El aceite también se puede producir a partir de hachís, un buen sistema de quitarle adulterantes al producto comercial. El color final debe ser marrón oscuro.

El aceite de cannabis se suele consumir untándolo en un cigarrillo de tabaco o mezclándolo con marihuana. Si el aceite resulta muy pegajoso y difícil de manejar se puede mezclar con un poco de hoja de cannabis molida en polvo para hacer un seudohachís más o menos sólido.

MANTEQUILLA

La mantequilla de cannabis es una receta clásica, fácil y práctica. Sirve para aprovechar los cannabinoides presentes en las hojas de forma barata y sencilla. Para cincuenta gramos de hojas se ponen a hervir dos tazas de agua y se añaden cien gramos de mantequilla. Hay que dejarlo hervir durante un buen rato (algunas recetas hablan de una o dos horas, pero con media hora suele ser suficiente). Se cuela la mezcla y se reserva el líquido. Se puede echar una taza de agua caliente sobre las hojas para arrastrar la mantequilla que se haya quedado impregnada.

Ahora se deja reposar y enfriar el líquido. La mantequilla flotará sobre el agua y, cuando se enfríe y solidifique, será muy fácil recogerla. Se guarda en la nevera o el congelador y se usa en cualquier plato o simplemente sobre pan. Conviene saber que el cannabis comido tarda más de una hora en empezar a surtir efecto, pero es más potente que fumado, por lo que hay que esperar y no comer demasiado.

ACEITE DE OLIVA CANNÁBICO

El reconocimiento de las propiedades medicinales del cannabis para el tratamiento de muchas dolencias y como paliativo de los efectos secundarios de los medicamentos tradicionales ha llevado a muchos enfermos que antes no se acercaban al cannabis a probar sus efectos. Muchos de estos pacientes no son fumadores habituales y no les gusta, no les resulta fácil o no les conviene fumar. Una buena alternativa para aprovechar las propiedades medicinales del cannabis sin los perjuicios asociados al fumar es el aceite de oliva cannábico. Su elaboración no puede ser más sencilla. Basta con introducir los cogollos desmenuzados dentro del aceite de oliva y dejarlo en maceración durante al menos una semana. Pasado este tiempo los cannabinoides se han disuelto en el aceite y, tras filtrar los restos de materia vegetal, se puede consumir directamente o añadírselo a cualquier comida una vez cocinada. La gran ventaja del aceite es que la potencia será la misma en todo el producto y resulta muy fácil de dosificar.

El aceite de oliva con cannabis es uno de los métodos preferidos de consumo para los usuarios terapéuticos.

COCINA

El cannabis se puede usar en la cocina para preparar platos psicoactivos. Hay varias formas de añadirlos a la comida. La más fácil consiste en espolvorear cogollos desmenuzados por encima de los alimentos, como si fuera orégano o perejil. Lo mismo se puede hacer con la resina en polvo. Otro buen sistema es preparar mantequilla cannábica o macerar cogollos en aceite de oliva y luego usar la mantequilla o el aceite para cocinar. Para que los cannabinoides no se descompongan durante la elaboración de los platos, hay que tener cuidado con el calor. Cuanto más se caliente la comida durante la preparación, más cannabinoides se perderán. Por esto, muchos cocineros cannábicos optan por cocinar el plato normalmente y añadir la marihuana al final, cuando la comida ya no está en el fuego.

El consumo de cannabis por medio de la ingestión de marihuana, hachís o cualquier otro derivado de la planta tiene unas particularidades diferentes al consumo fumado. En primer lugar, cuando se come cannabis, el THC pasa por el hígado, algo que no sucede cuando se fuma, y allí se convierte en un cannabinoide más psicoactivo y potente. Por tanto, con la misma dosis, el efecto es mayor. Otra particularidad es que el efecto tarda entre una y dos horas en aparecer. A menudo este retraso lleva a algunos consumidores a pensar que han ingerido una dosis demasiado baja y tomar más, y cuando se presentan los efectos psicoactivos de ambas dosis, suelen causar una psicoactividad excesiva que puede provocar mareos, desorientación o ansiedad. Cuando se ingiere cannabis, conviene ser muy cauto con la dosis hasta que se conozca su potencia.

Bibliografía

Revista *Cáñamo*. La Cañamería Global.

ARSEC Cannabis. *Manual de cultivo para el autoconsumo.* Barcelona: ARSEC, 1997.

Bócsa, Ivan y Karus, Michael, «*The Cultivation of Hemp*». Sebastopol: Hemptech, 1998-

Cervantes, Jorge. *Marihuana en exterior: cultivo de guerrilla.* Barcelona: Ediciones Cáñamo, 2000.

Cervantes, Jorge. *Indoor Marihuana Horticulture: The indoor Bible.* Van Patten Publishing, 2001.

Cervantes, Jorge. *Marihuana, cultivo en interior.* Barcelona: Ediciones Cáñamo, 2002.

Cervantes, Jorge. *Marijuana Horticulture The Indoor/Outdoor Medical Grower's Bible.* Van Patten Publishing, 2006.

Clarke, Robert Connell. *Hashish!* Los Ángeles: Red Eye Press, 1998.

Clarke, Robert Connell. *Marijuana Botany.* Berkeley: Ronin Publishing, 1981.

Escotado, Antonio. *La cuestión del cáñamo.* Barcelona: Anagrama, 1997.

Flowers, Tom. *La cocina de la marihuana.* Barcelona: Virus Editorial, 1998.

Frank, Mel y Rosenthal, Ed. *Manual para el cultivo de mari-*

huana en interiores y al aire libre, de alta calidad. Barcelona: Pastanaga Ediciones, 1978.

King, Jason. «*The Cannabible*» Berkeley, Ten Speed Press, 2001.

McPartland, J. M., R. C. Clarke y D. P. Watson. *Hemp Diseases and Pests. Management and Biological Control.* Wallingford: CABI Publishing, 2000.

Robledo, Juan. *Manual práctico para sibaritas: el cultivo de cannabis en exterior.* Barcelona: Virus Editorial, 2001.

Rodríguez, Isidoro. *La enciclopedia de la marihuana.* Málaga: Megamultimedia, 2002.

Rosenthal, Ed. *Closet Cultivator.* Oakland: Quick American Archives, 1999.

Rosenthal, Ed. *Marihuana Grower's Handbook: The Indoor High Yield Guide.* Ed Rosenthal. Oakland: Quick American Archives, 1984.

Rosenthal, Ed. *Marihuana Grower's Handbook: The Indoor/ Greenhouse Edition.* Oakland: Quick American Archives, 1987.

Rosenthal, Ed. *Ed Rosenthal's Marihuan Growing Tips.* Oakland: Quick American Archives, 1999.

Soma «*Organic Marijuana Soma Style*» Oakland: Quick American Archives, 2005.

The Hortelano Cañamero. *Cultivar marihuana.* Barcelona: Ed. Tricoma, 2002.